作者简介

张金宝

财务系统建设专家，金财时代教育科技（北京）有限公司董事长，老板财务精品课程《总裁财税思维》《老板利润管控》《财务体系》《股权财务体系》《资本财务体系》授课导师。

10年大型企业财务总监任职经验，央企财务信息化项目组研究员、总会计师协会特聘教授、注册管理会计师协会考试专家组成员、中国财务技术网创始人，“大财务”思想终身推动者。

曾为数万家民企及数百家大型企业提供财务顾问及咨询服务，包括一汽丰田、华为、伊利、邮储银行、华谊兄弟等企业。为 6 万多名企业家、财务总监做过财务教练。

已出版作品：《财务的力量 1：老板财务管控必修课》《财务的力量 2：民企财务规范 5 大体系》《金财财税系统》工具包等。

欢迎交流与分享：
电话：17710196073（添加客服微信）
邮箱：11044415@qq.com

张金宝老师
个人微信

张金宝老师
助理微信

◇为 200 多位企业家及财务人员讲《财税天下——财务系统微咨询》

◇携 10 位财务咨询师讲《老板利润管控》

◇为福建商会做《企业财务转型》演讲

◇给客户做《营改增与财务规范》的辅导

◇给客户做《账钱税系统》咨询

• 民企老板财税规划书系 •

财务的力量 ②

民企财务规范5大体系

张金宝 | 著

THE POWER OF FINANCE

中国经济出版社
CHINA ECONOMIC PUBLISHING HOUSE

图书在版编目（CIP）数据

民企财务规范5大体系／张金宝著．—北京：中国经济出版社，2020.6

ISBN 978-7-5136-6058-7

Ⅰ.①民… Ⅱ.①张… Ⅲ.①民营企业－企业管理－财务管理－研究－中国 Ⅳ.①F279.23

中国版本图书馆CIP数据核字（2020）第035770号

责任编辑 严 莉
责任印制 巢新强
封面设计 柏拉图

出版发行 中国经济出版社
印 刷 者 天津文林印务有限公司
经 销 者 各地新华书店
开　　本 880mm×1230mm 1/32
印　　张 9.5
字　　数 190千字
版　　次 2020年6月第1版
印　　次 2020年6月第1次
定　　价 58.00元
广告经营许可证 京西工商广字第8179号

中国经济出版社 **网址** www.economyph.com **社址** 北京市东城区安定门外大街58号 **邮编** 100011
本版图书如存在印装质量问题，请与本社销售中心联系调换（联系电话：010-57512564）

序 言 财务的力量2：民企财务规范5大体系

CAIWUDELILIANG

2019年初，一位企业规模超过5亿元的企业家来参加课程复训，在课间休息时他告诉我，学完课程后他的企业导入了《财务体系》工具，效果非常好：第四季度税收筹划270多万元，废品损失减少1600多万元，应收账款降低4100多万元，股权架构与财务流程全部重新梳理了，ERP系统也升级上线……每个事业部都有自己的报表体系和管理驾驶舱。

这位企业家是当地商会会长，他在商会沙龙活动时分享了两次财务课程的一些工具和税收筹划方法，希望商会其他成员共同受益。但他总觉得自己分享得还不够，于是强烈建议我写几本专门针对零基础老板的财务入门书籍，就像我的课程一样，通俗易懂，实用落地。通过这种方式让更多的企业家了解财务的价值，了解财务是如何为企业创造利润、如何帮助老板规避财税风险，培养用数据和报表做分析决策的习惯。

纵观国家大势，面对经济转型，改革开放进入了深水期，“金税三期+五证合一+税收实名制认证+国地税联合稽查＋个人税号＋机器人＋信用体系＋税制改革＋电子发票”等政策联合推进，特别是税收电子税务局实名制认证，对企业财务的职业判断和能力的要求越来越高，在各种压力下，很多财务人员大喊，“风险太大，我不干这行了，我要辞职！”

我给中国医药与医疗器械行业的企业家们讲课的时候，被问得最多的几个问题是：公司的钱如何转到个人卡上？如何获得增值税进项发票？回扣佣金怎么办？如何应对两票制？（注：两票制是指药品从药厂卖到一级经销商开一次票，经销商卖到医院再开一次票）这些问题，解决的前提应该是：绝不偷税。“财务规范”才是长远之计，而且谁先规范，谁将获得先机、走在前面。

以下几类企业，亟须进行财务规范治理和整改：

1. 面向资本市场的企业。不论是想IPO发行股票上市或新三板挂牌，还是其他股权债权融资、公司兼并收购等，都需要对企业做估值和报表的包装。财务规范与体系健全的企业，其估值要比财务混乱的企业高得多。“闺女出嫁前，总是要化个淡妆、换身干净衣服才行”。企业不进行财务规范就直接推向市场，身价必被低估。

2. 规模不断增大的企业。不少创业企业从零起步，不断发展壮大，如果仍然用最初时的财务管理方式（如流水账＋代理记账），显然无法适应企业的规模要求了。不同规模的企业，要懂得与时俱进，匹配相应的财务管理体系。

3. 要做股权激励的企业。“没有一件值得做的事情，是可以一个人做成的”。原来是老板一个人创业，现在是一群合伙人创业。所以优秀的企业，常需要给高管们分红、分享企业的利润。“亲兄弟，明算账”，如果企业的账是糊涂的、财务是混乱的、报表是错误的、数据考核指标是不准确的……那么，企业分红和绩效考核都无从谈起。

4.利润空间缩小的企业。随着市场经济的发展，以前那种靠着“初生牛犊不怕虎”的勇敢和粗放管理赚钱的时代已一去不复返。原材料成本、人工成本、房租成本都在上升，税收漏洞的空间越来越小，企业间竞争不断加剧……企业需要进行精细化管理，抠细节、抠利润的时代已经来临。精细化管理的前提是财务管理的精细化，只有建立起完善的财务体系，打通财务与业务之间的关系，才能获得更多的利润空间。

5.面临接班传承的企业。20 世纪 80 年代或 90 年代开始创业的老板，现在开始面临企业传承的问题了。在原来的粗放式管理模式下，企业靠的是老板的人治和董事长多年的威望，但是接班人不愿意像父辈们那样操劳，他们基本上都是接受过现代高等教育的人，知道企业需要一套完善的财务管理体系，需要通过制度、流程、报表、系统来管理企业。而且，管理系统越健全，接班人接管企业就越容易。

6.靠钻税收漏洞存活的企业。“营改增”之前，许多企业存在“做两套账”“不要票的就不交税”“隐藏销售收入”“虚增成本和费用”“买票套现”等行为。随着税务局稽查技术的强大，靠钻税收漏洞存活的企业已经越来越艰难了。要么产业转型升级，要么企业规范改革，这是摆在所有成长型民营企业老板面前的一道难题。

当然，除了以上几类企业，还有许多成长型民营企业，也都需要财务管理体系的建设与完善。当企业年营业额在 2000 万元或以上时，就必须建立企业的财务体系，否则很容易发生各种财税损失、财税罚款，甚至是牢狱之灾。

很多企业在提升财务管理的过程中都会遇到财务管理混乱、流程不系统、体系不健全、流程不清晰、成本管理失控等诸多问题。我与上万位民营企业家交流后发现，这些企业提升财务系统之心极为迫切。改变财务行业，拉升民企财务水平，是我的使命和目标。

作为一名专注于“大财务”研究和“财务系统”咨询工作的人士，在讲课、做财务咨询辅导、解决财税问题之余，不断帮助老板培养和输送财务人才，并且利用空闲时间撰写财务图书，是一件非常有福报的事情。因为通过书籍可以更好地传播我们在财务咨询工作中积攒的一些经验和思想，帮助和影响更多的企业家朋友。

本书《财务的力量 2：民企财务规范 5 大体系》为我出版的图书《财务的力量 1：老板财务管控必修课》之后的第二部。它是一本帮助成长型民营企业建立和完善企业财务管理体系的工具书，让没有财务基础的老板对接和要求财务人员迅速建立财务体系。书中的众多工具与方案，均来自百万级的财务咨询项目工作实践。

曾经有一位智者说过：“凡是能将专业复杂问题讲得极通俗易懂的老师，都是有大爱的人！”这句话让我极感欣慰。这些年来，无论是写书、做咨询案，还是讲课，我都争取做到能让企业家朋友“听懂”，并且能够“记住”，甚至“做到”。

鉴于《财务的力量》系列图书的读者定位是企业的决策者和管理者，他们没有学习过专业的财务知识，所以本系列图书没有过于枯燥和空洞的理论，而是实用的管理工具及普及读物，追求的是易读、易懂、易用，这一点还请高级财务专业人士理解。

最后，感谢为本书的出版付出辛勤劳动的所有工作人员。我的其他图书，正在筹划撰写之中，如《财务哲学》《财务铁军》《财务总监成长笔记》……如果您有感悟或建议，请不吝赐教。

张金宝

于北京金财控股总部办公室

目 录 | 财务的力量2：民企财务规范5大体系

CAIWUDELILIANG

|第一章| “系统”的逻辑

|第二章| 财务战略体系

|第三章| 账务核算体系

|第四章| 税务管理体系

|第五章| 资金管理体系

第六章 财务管控体系

第七章 财务体系咨询案例

|第一章|

C A I W U D E L I L I A N G

“系统”的逻辑

管理=人+系统

一个企业家，从“重业务，轻管理”，到开始认识“管理系统”的重要，并开始深度思考建设系统，需要一个很长的过程。比如，一些企业家虽然知道要重视系统，但到底“什么是系统”“为什么要建立系统”他们并不清楚。

其实，企业建立“管理系统”的主要目的是提升管理水平。谈到管理，我总结出一个公式：管理=人+系统。

在管理的过程中，我期望“管理”做到“100”分。如果“人”的因素占20分，那么“系统”的因素就占80分，即100（管理）=20（人）+80（系统）；反过来，如果“人”的因素占80分，那么“系统”的因素就占20分，即100（管理）=80（人）+20（系统）。总之，提升企业管理水平，要么在“人”的因素上花时间，要么在“系统”的因素上下功夫。那么问题来了，是在“人”的因素上投资回报大，还是在“系统”的因素上投资回报大呢？

经过综合分析我发现，一个优秀、伟大的企业，往往是一流的系统和三流的人才。理由其实很简单，如果人才素质越高、水平越强，招聘成本和留用成本也就越高。尽管企业需要人才，但并不是说所有的员工都要成为一流的人才。否则的话，企业的成本会非常高。

真正伟大的企业，会把管理系统建设得非常强大，让三流的人才使用一流的系统，这样就足够了。比如，企业把系统建设达到80分的水平，那么对人才的要求降低到20分即可。

简而言之，企业把管理系统建设得越强大，对人才的要求就越低。

系统缺失的后果

通过与众多企业家的沟通，我了解到，事实上，很多企业在系统方面非常欠缺。我对系统建设缺失的后果进行了梳理，总结出30多条，以下重点讲一讲其中4条。

1.风险极大

系统缺失会导致企业财务管理存在极大风险，甚至导致企业老板身陷囹圄。企业最大的风险不是经营风险，经营风险最多会让企业损失钱财，财务风险、税务风险却会让老板失去自由。

【案例】

浙江金华有一家企业，把一批实际售价1000万元的货以1400万元的价格卖给了新疆乌鲁木齐的某公司。货物正常发出后，对方公对公打款 1400 万元过来，发票（增值税专用发票）也是按照 1400 万元的金额开具。

按理说这一切都是没有问题的，但是该公司财务部的一位财务人员在记账的过程中，在“400 万元”数额的旁边写了“代开”两个字！

结果，税务工作人员在稽查过程中发现了这两个字，觉得企业的记账有问题，于是开始彻底追查，最终发现这家企业在收到 1400 万元的公对公打款以后，又通过老板妹妹的个人账户给乌鲁木齐公司老板的个人账户打回了约 400 万元。

最后，税务局认定这家企业虚开增值税专用发票。

400 万元的金额，如果按照 13% 的税率，就涉及 58.20 万元的税金，而这 58.20 万元将给老板带来 3~10 年的牢狱之灾。

该企业家老板在看守所待了 31 天，以取保候审的方式才得以出来。从看守所出来的第 7 天，他在其朋友的推荐下来听我的财务课程，我和他亲口说起此事。

这个案例告诉我们，民营企业不仅存在经营风险，而且可能面临财务风险和税务风险。

曾经有一个做食品企业的老板，在全国开了上百家分店，主营蛋糕、面包等食品，产品做得非常好吃（其中有一个产品叫“铜锣烧”，我非常喜欢）。就因为购买一台加工设备时不小心触犯了红线，企业涉嫌虚开增值税发票，最终老板被判了刑（在厦门监狱待了 11 个月，因表现良好、立功，被提前释放）。

每每听到这样的案例，我都感到非常痛心。有些民营企业老板向我咨询企业给高管和员工分配股份和利润的时候是否需要公开财务报表？我会反问一句话，如果公开财务报表，是公开“内账”报表，还是“外账”报表？

我给众多民营企业家讲授财务系统建设的课程时，做过多次调研，调研结果是“95%以上的民营企业家做的都是两套账”（随着税制改革、企业转型，以及财务规范化的进展，这一数据正在不断缩小）。

如果企业给高管分红时公布的是“外账”报表，那么账务报表上的数据是不准确的（因为外账基本是“假账”）；如果公布的是“内账”报表，也许有些高管拿到“内账”报表回去后就会存在“举报老板的可能”，让老板面临极大的风险。

尤其是当企业准备新三板上市或A股上市的时候，如果没有梳理清楚这些财务问题，将很难继续前进。

2.流程不完善

我在给企业做财务咨询的过程中发现，只要把财务系统的相关流程进行科学合理的梳理和完善，企业整个财务系统就会得到急剧的提升。

现实中，因财务系统不健全，常常导致企业出现很多问题。

（1）核算流程混乱。

江苏有一家生产电梯设备的企业，已经把货物发给客户了，但是因为财务人员没有拿到数据或没有及时处理，忘了记账，170 万元的货款拖了一年之久。最终还是客户亲自打电话过来，询问为什么该供应商一直不去收钱的时候，才想起来这 170 万元没有记账。

（2）资金管控不严。

天津有一家汽车 4S 店，每年近 20 亿元的营业额，他们的营销总监在收到其中一笔金额为 100 万元的货款后，为了省事，直接存放到自己的个人银行账户上，没有交给财务部。三个月以后这一情况才被财务人员发现。

（3）成本核算不清。

有一家施工企业，工程人员常年在外施工，材料购买回来之后还没办手续（验收、入库、领用等），就拿到工地上使用了。导致财务人员没有办法核算工程项目成本，最终变成一笔糊涂账。

（4）财务与业务脱节。

财务与业务脱节也是企业财务系统中一个较大的问题，财务人员拿不到正确的数据，不知道业务在做什么；业务不理解财务的要求，无法或不愿意给财务提供业务数据。这导致财务人员不能做出一个准确的报表。反过来，这些数据也就无法指导企业的运营。

曾经有一个浙江永康的老板带着公司的财务人员来听我的财务课程。这个财务人员私下告诉我，她的老板拿着公司的网银U盾，经常私自把公司的钱转到自己个人的银行卡上。她一开始根本不知道这件事，有一次老板私自把钱转走后告诉她，让她看着办，她没有办法，只能在记账的过程中挂“股东的借款”或挂“往来”（其他应收款—股东）。

（5）资产管理不善。

资产管理和成本管理也是企业财务管理过程中容易出现的问题，会引发企业舞弊、漏洞、效率降低等一系列问题。

有一家婚纱摄影企业，采购了大量的高档婚纱新娘服，但是每次脏了拿出去干洗时，经常被人（如店长）调包，用旧的、质量差的婚纱替换新的高档婚纱。

广东某教育集团公司，因财务系统缺失，导致其新买的投影仪在开会结束后无人管理，一周后再次开会时，怎么都找不到了。

以上这些对于企业来说，都是财务管理过程中的疏漏之处，都会对企业造成或大或小的损失。

3.公私不分

在上市公司或国有企业中，领导公私不分的现象还比较少见，但是在民营企业中，老板公私不分的现象就非常普遍了。

老板自己家里缺钱，就从公司拿点钱回家花；如果公司经营过程中缺少资金，老板又从家里拿些钱放回公司。老板这种做法就把“有限公司”变得像“无限公司”，因为无限公司就是这样，老板的个人财产要承担企业经营负债中可能存在的全部风险（无限连带责任）。

假设有一家公司，账面上有1000万元的资金，老板把这1000万元以“股东借款”（其他应收款）的形式拿走，如果此时企业发生经营危机面临破产，需要清偿债权人的利益，则需要老板把这1000万元还给公司才能解救危机

（相当于老板仍欠公司资金）。可是如果此时，老板已经用这 1000 万元买了房子和车子，拿不出钱来帮公司渡过难关，致使公司倒闭，那么在进行清算的时候，老板要把这 1000 万元还回来，才能完成彻底清算。

换句话说，公司财务账面上 1000 万元的资金，不是老板个人的钱！虽然老板的股份是 100%，但是老板要想把钱拿到手，要么走减资程序（减少注册资本金，需要登报公示、工商局办工商变更手续），要么走分红手续（1000 万元利润，扣除个人所得税 20% 后，拿到手的也就 800 万元）。

【案例】

宁波有一家化工类企业，这家企业曾经非常辉煌，一年的营业额有十几亿元。2019 年 9 月 3 日，该企业的老板娘上我的“老板财务”课程时跟我探讨，这家企业因经营问题已经欠了银行 1.8 亿元。该企业老板个人所有的抵押财产、担保财产及企业现金和应收账款总共才 1.6 亿元，已经到了资不抵债的处境。而此时该企业一年的利润才 300 多万元，每个月还银行的利息就需要 100 多万元，一年计算下来，不但不赚钱，反而要倒贴 700 多万元……而且，这家企业的经营状况还在持续恶化中。

我问这个老板娘，如果企业宣布破产，老板家还能剩下什么？这个老板娘说，如果企业破产，她就什么都没有了，她家现在住的房子都已经抵押了，一旦宣布企业破产，全家只好租房住！

我又问她：除了这个企业，她个人还有什么财产？老板娘想了想说，她生了三个孩子，之前给这三个孩子每人买了几十万元的保险，另外自己还有100多万元的私房钱，除此之外，基本上就没有了。

正所谓：苦心经营二十年，一夜回到解放前！很显然，这家企业属于典型的公私不分，“公司即个人，个人即公司”，没有公私分开的概念。如果在恰当的时候，把公司的经营利润所得缴纳部分个人所得税后，分红就变成老板的个人财富，那么一旦公司经营出现危机甚至破产，也不至于牵连个人，导致家庭出现经济危机。

所以，公私分开非常重要，一方面便于及时夯实个人或家庭财富，找准时机分红或把一部分公司财产变成个人财产。另一方面也防范公司出现问题时，累及家人。而且，公私不分可能会引发企业两套账、三套账等糊涂账问题。

4.管理工具缺乏

我在给很多企业做咨询的过程中发现，有些企业有非常强大的硬件，比如豪华的办公室、先进的笔记本电脑或非常高端的财务工具，但是企业使用软件的能力非常弱，企业管理过程中缺乏相应的单据、表格、制度、规范、模板等工具。

有一家武汉的企业，花了60多万元买了一整套高端ERP软件“NC系统”。软件买回来以后一直没有使用过，我感到非常惊讶，为什么不用呢？问了老板才知道，是财务人员不会使用这套软件。

还有一些企业买了非常好的ERP软件系统，但只用了极少的一部分功能，理由是软件达不到企业管理的要求，或者是财务人员达不到企业管理的要求。每次听到这种情况，我就会开玩笑说，企业这是把宝马买回来当自行车用。

以上就是我总结的在企业财务管理方面的几个问题，除了这些，还有许多（见图1-1），如：其他应收款问题、两套账、糊涂账、账实不符（货币资金账实不符、存货账实不符、固定资产账实不符）、股权（代持、股权架构缺陷、自然人股东导致多交税、股权激励等）、利润率太低、风控与业务流程混乱、发票问题（缺进项发票、支出无发票、回扣问题）、税金太高（偷逃税金、稽查风险）、成本高浪费严重、存货与应收款过高、财务人员水平与企业规模不匹配……

针对这些问题我发现建设并完善企业财务系统，是企业当下非常重要的一项工作。

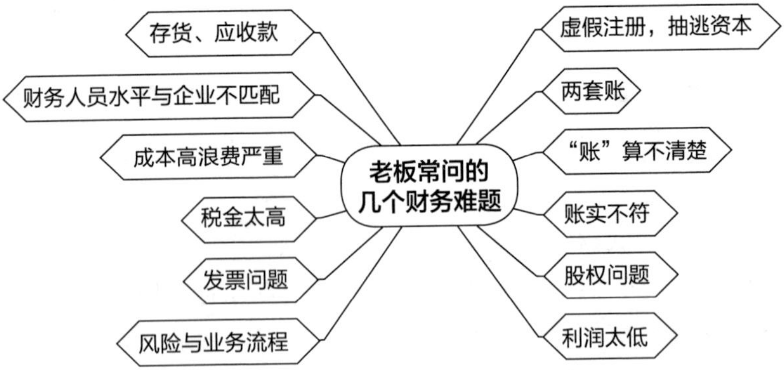

图1-1 老板关心的财务难题

最近这几年，我在讲课时经常提到“向管理要效益”。一个公司在做大、复制、扩张和上市时，都需要财务管理的规范，于是我立志要帮助企业成为本行业财务管理方面的标杆，甚至是在成为行业标杆以后，可以向同行输出自己管理系统。

企业要建立哪些系统

很多企业老板都明白建设系统会给企业带来诸多好处，但是到底该建什么系统呢？这是很多人都想问的问题。

一家企业就像一个人，老板相当于人的头部，老板管控着整个公司的战略，因此，头部又叫战略系统。而人的身体就像产品系统，现在很多互联网企业的老板曾经都是产品经理，可见产品系统有多重要。人的两条腿也非常重要，这两条腿一买一卖，分别对应着供应链系统和营销系统。有了老板、产品和买卖，企业就可以往前走了，但是企业走的过程中逐渐发现，这个人是不健全的——高速飞跑的时候，没有手非常容易摔倒。所以，当一家企业年营业额超过3000 万元的时候，就要建立人力资源系统和财务系统了。

换句话说，人力资源系统和财务系统相当于老板的左膀右臂。当一个人发育健全以后，还需要一件衣服，衣服就相当于品牌文化系统。有了这几大系统，企业就是一个完善的、真正的企业。如果没有财务系统、人力资源系统和品牌文化系统，企业将只是一个永远做不大的微小企业。

当企业走到一定阶段时，最重要的是两只手臂，即财务系统和人力资源系统。刚开始，许多企业的老板更关注营销、产品等，随着企业发展到3000万元或5000万元的规模时，就会发现，财务系统与人力资源系统越来越重要，尤其是财务系统，是企业生存与安全之本。人力资源相关的绩效考核，其数据也依赖于财务数据，所以建立人力资源系统之前，要先建立财务系统。

财务系统能给企业带来的作用有：第一，监控企业的运行状态；第二，保护公司和个人的财富安全；第三，有效管理企业的工具；第四，对外表达企业的窗口。

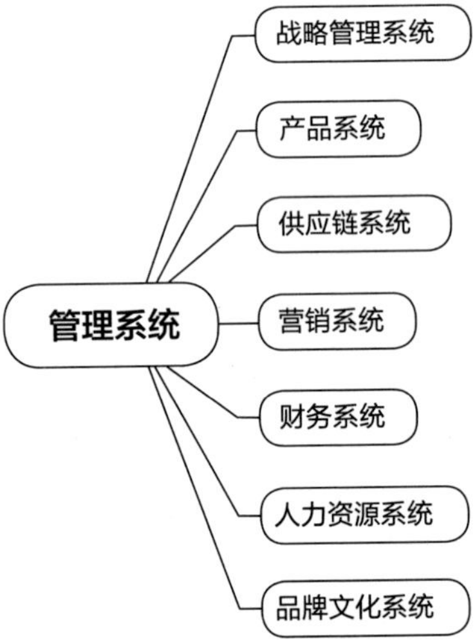

图 1-2 管理系统构成

民企财务的 8 大系统

经过与成百上千的企业家无数次的探讨，我总结出民营企业财务系统的 8 大子系统，分别是财务战略系统、账务核算系统、税务管理系统、资金管理系统、决策支持系统、成本管控系统、风险内控系统及预算管理系统。这 8 个系统构建成一个完整的体系，形成一个闭环，如图 1-3、图 1-4 所示。

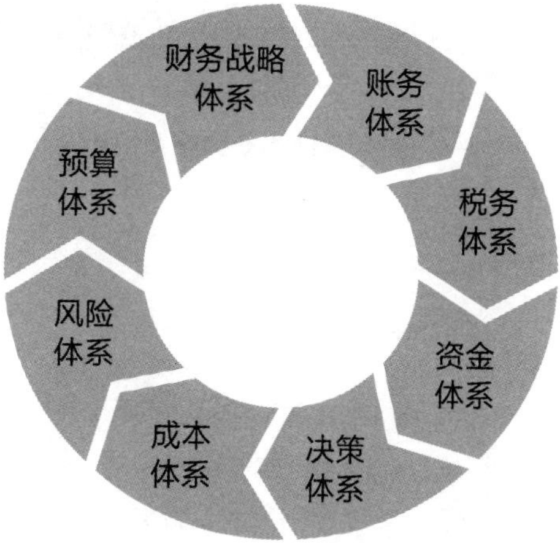

图 1-3 财务系统的 8 大子系统（一）

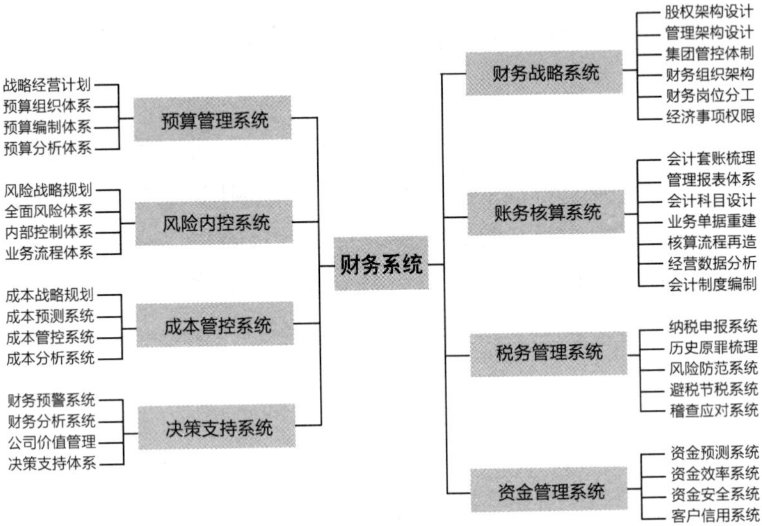

图 1–4　财务系统的 8 大子系统（二）

明确构建财务系统的责任人

有很多企业家会问：企业构建财务系统，谁来当负责人最合适呢？我与众多企业家交流后发现，构建财务系统的第一责任人必须是老板本人。否则，如果老板不参与，财务系统很有可能无法构建或建设得不全面、不彻底。第二责任人应该是企业高管。可是我在给企业咨询的过程中发现，其实很多高管是反对企业构建财务系统的。

改革是要付出代价的，构建系统就是改革的过程。建立了完善的财务系统，可能会影响部分高管或关键员工的利益。如，采购部的人员不能随意拿回扣了，销售人员舞弊变得困难了，等等。这些都可能会成为企业建设系统的阻力。当企业的阻力大于构建系统的推动力，甚至推动力小于67%时，都可能导致系统建设得不成功或不彻底。

建立完善的系统以后，企业就会变成“铁打的营盘”，而员工变成“流水的兵”，任何一个员工的离开都不会对企业造成影响，就算财务总监或财务主管离开，企业的财务工作都会四平八稳，甚至老板和高管都可以解脱出来。能够自动运转的企业才是完善的企业，财务系统的建设会使企业变得更加完善。但是，企业的高管似乎不愿意把自己变成“流水的兵”。因此，在建设系统的时候，老板要带着高管一起，由老板负责推动建设，高管负责具体的流程。如果老板的决心不够大，那么高管就可能形成逆反心理，变成阻力，所以老板必须要出面化解阻力。

【案例】

企业的系统建设完成以后可以做一个“离场测试”。

所谓“离场测试”就是让公司的一些关键高管休假一段时间（如3个星期）。休假期间，手机、邮箱等联系方式全部停止使用，让离场高管与公司没有任何联系。

测试一下高管不在的这段时间，公司是否能正常运转。如果能够正常运转，老板需要高薪留住这样的高管人才；如果不能正常运转，老板则要对这样的高管进行整改了。

当然，在无规范系统的民营企业，部分老板看到某一高管离开3周后，公司事情都不受影响，可能会认为此高管可有可无，薪酬还较高，从控制成本的角度可能会产生辞退此人的想法。当然，高管也会想到这一点，结果就是想各种办法，让公司感觉离不开他。这也是在反系统行之。

系统的框架与建设过程

既然要构建财务系统，就需要明白系统都包含哪些内容？企业在什么阶段、什么时间建立系统最合适？切入的机会是什么？这些都是实务中需要面对的问题。

1.系统的框架与内容

很多人都认为系统就是指软件系统，这是错误和片面的看法。系统包括三个要素，分别是技术原理、解决方案以及管理工具。

很多管理问题需要解决，首先要弄清背后“技术原理”是怎么一回事，准确定位问题；然后找到这个问题的“解决方案”；最后再为解决这个问题匹配或设计相应的“管理工具”。

关于系统的逻辑与操作方法，可以参考本书第七章的案例。

2.构建财务系统的最佳时机

有人认为，在企业刚成立时，就应该建立管理系统。也有人认为，初创业时，企业的核心问题是生存与营销，建立管理系统是企业发展到一定规模时才需要考虑的事情。其实，这两种说法都有一定的道理，需要具体情况具体分析。

从个体户到微小公司，再到真正的公司化运营，甚至走到集团化管控或IPO上市，不同规范或阶段的企业，需要匹配不同水平层次的管理系统。当然，民营企业最常见的问题是，企业做大了，管理体系没有随之升级调整，导致企业管理方面出了许多问题。

一般来说，当企业年度销售额达到3000万元时，应该立即着手建立企业的财务系统。如果年销售额达到5000万元或8000万元时，仍没有系统梳理其财务管理系统，就必然面临诸多财务管理问题，甚至造成巨大的损失。同时，企业也遇到了管理瓶颈。所以，年销售规模在3000万元到5000万元的企业，正是建立财务管理系统的最好时机。

当然，也有部分二次创业的老板选择在新公司成立时建立财务与管理系统，这绝对是非常正确的做法，可以避免企业走很多弯路，把问题提前解决，防患于未然。

3.构建财务系统的切入点

企业遇到的任何一件事，第一次发生时可以通过协调解决，第二次发生时也可以通过协调解决，第三次再发生时就必须靠流程体系（即“系统”）来解决了，这也就是人们常说的“事不过三”。

来自广西的一位年营业额40多亿元的民营企业家学员，在我的课上做分享发言时提到：企业管理中遇到的问题，前两次可以由高管“协调”处理，第三次必须靠“系统”处理。

也就是说，如果一个问题连续出现过两次，高管就必须为此问题建立相应的系统（方案与工具，包括流程、制度、表格等），见图1-5。

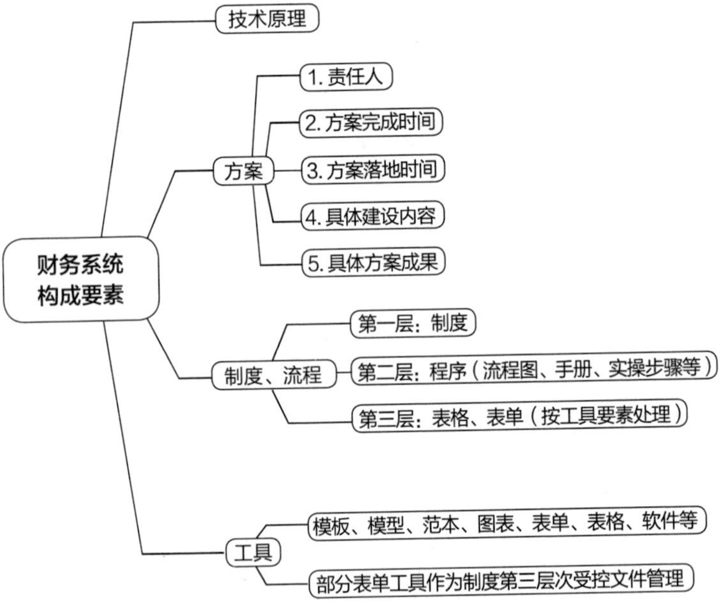

图1-5 财务系统构成要素

财务系统构建案例与模板

如何通过“技术原理+方案+工具”的方式来建设财务系统呢？请参考以下案例。

【案例】

有一家企业派员工出差，出差期间该员工采购了一台10000元（不含税）的笔记本电脑。该员工出于好意，想为企业节省一点税费，购买这台笔记本电脑时没有开正式发票，回去以后让财务人员报销，财务人员因为没有发票拒绝报销。

拒绝的理由是：

第一，如果财务人员在没有增值税专用发票的情况下报销了这10000元的电脑，那么13%的进项增值税抵扣就没有了（损失1300元）；

第二，没有发票就无法计入成本，会直接导致25%的企业所得税税前无法列支，企业又损失了一笔钱（2500元）；

第三，如果用白条入账，被税务局查到会进行罚款（假如罚款5%，损失500元）。

这样一来，企业前前后后损失采购费用的43%，也就是说，财务人员在没有发票的情况下报销了这台10000元的电脑采购费，公司将损失4300元。

采购人员自己无法报销的时候，就跑去找自己的采购主管或采购总监，寻求协调解决。采购总监又找来财务总监沟通，如果财务总监也不同意报销，那么采购总监只得找老板申请，要求财务报销。老板面前，采购总监、财务总监等各执一词、争论不休……最终的结果往往是让财务总监报销，损失由公司承担。

这种事情可以发生一次、两次，如果再发生第三次，就需要财务总监整理出一份“关于员工拿不到发票问题的解决方案”，配合着这套方案还要准备一系列相应的工具，比如给员工一个关于出差采购索要发票的提示，并且给员工进行一次有关“取得发票的财务知识的培训”，最后，让员工出差前签一个承诺函，承诺函上写明如果拿不到发票，则所有的损失由员工自己承担。那么，出差前的提示卡片、培训课件及签字确认函就是解决这个问题的“工具”。

有了解决方案和工具，最终形成一个具体的流程，那么企业关于“员工出差拿不到发票”的问题就能得到解决了。具体建设系统的逻辑如下：

技术原理：增值税抵扣、企业所得税列支项目、发票管理规定。

解决方案：关于员工拿不到发票问题的解决方案。

设计工具：

（1）《发票管理制度》；

（2）《发票相关知识培训课件》；

（3）《发票知识培训通知》；

（4）《发票知识内部考试卷》；

（5）《关于即时取得发票的承诺函》（每位员工，按手印+签字）；

（6）《发票信息提示卡》（名片一样大小。正面印有开具增值税专用发票的相关事宜，如纳税人识别号、企业银行账号、开户行、地址、联系人、电话等。反面印有“发票检查的十大注意事项”），要求出差人员把此卡插到自己的钱包里，以备不时之需。

【案例】

江苏有一家企业，员工们多年来形成一个习惯，就是出差前去财务部借款，都按照5000元的倍数借，比如10000元、20000元、25000元等。

假设一个员工从苏州到深圳出差，可能要花6000元，那么他会去财务部借支10000元，在出差过程中实际花了8000元，比预算多了2000元，最后带着剩下的2000元回到公司，回到公司以后也不着急报销，会一直等到把剩下的2000元也花完，然后拿着10000元的发票来报销，这种做法一方面占用了企业的资金，另一方面也增加了公司的管理费用。

针对这个问题，用建设财务系统的方式来解决。首先解决这个问题使用的技术原理叫作“细化思维”；然后针对员工出差借款费用过多的问题制定了一个解决方案；最后又配套制定了一系列工具，其中一个工具就叫作“员工借款单”。

以前员工来借款的时候，直接写需要多少钱，现在必须按照细化的原则逐一写明，比如员工从公司去机场的打车费用是多少、机票费用是多少、下飞机后打车去酒店的费用是多少、住什么标准的酒店、打算住几天、给客户赠送礼品花了多少钱、吃饭花了多少钱，等等。

假设从公司打车去机场正常只需要100元，如果有员工写成了200元甚至更多，那么财务人员就能及时发现并且驳回申请。经过细算，一个员工出差可能只需要5800元，按照之前的方法，这个员工很有可能直接借款10000元，但是经过细化，这个员工就可能变成借款5800元，财务人员也会按照5800元的标准给员工的账户打款。如果员工出差期间花超了，超过的部分会由员工暂时垫付，这样，员工出差回来后报销的速度就会提高了。

那么，这个问题的解决思路与技术原理都有了，具体怎么建设系统呢?

具体建设系统的逻辑如下:

技术原理：管理=细化+量化+记录、评价考核、预算管理。

解决方案：关于应收款及费用过高的问题解决方案。

设计工具：

(1)《员工内部借款管理制度》;

(2)《费用报销管理制度》;

(3)《出差申请表》;

(4)《员工借款单》;

(5)《费用报销申请单》;

(6)《差旅费用部门/个人明细表》;

(7)《费用与业绩排行榜》。

另外，随着信用卡和手机支付的普及，员工出差基本上可以不借支公款，很多大公司已经通过给员工发放专用的信用卡来完全代替借款。这样做，不仅能追踪员工的实际开支，减少舞弊，而且能节省资金，提高员工的人身和财产安全。

2

|第二章|

C A I W U D E L I L I A N G

财务战略体系

财务战略系统建设规划方案

企业的财务系统中最关键的一个系统就是财务战略系统，也叫“财务战略与支撑系统”。它包括公司的形态设计、股权架构、财务管控体制、集团财务管控体制、财务部门组织架构、财务人员岗位分工、财务人员的团队建设等一系列的问题。

财务战略与支撑系统主要是解决企业财务管控的方向性、基础性的问题。

财务战略，是企业大的战略中的一个职能战略，是在企业战略已经确定的前提下，需要重点设计的核心配套战略。建立财务战略来匹配企业战略的落地，是需要老板与财务总监共同担负的一项重要工作，也是关系到企业战略能否顺利执行到位的关键。

财务战略系统，包括股权设计、治理结构、企业组织架构、财务体制、集团财务模式、财务部设计、财务人员岗位分工与职责等。

这里面要解决许多老板都关心的问题，如：

• 如果老板要把公司传承下去，怎么传承，如何接班？股权怎么转让？转让时如何税务筹划？

• 到底要建立几家公司？它们之间的关系如何设计？是有限公司还是无限责任？如果公司要上市怎么办？是否保留“自留地”公司？为什么建立这些公司？注册资本金有多少？谁当法定代表人？

• 决策机构怎么定？董事会、监事会、经营管理层的关系与分工怎么处理？如何授权？哪些重大事项需要董事会批准？不同经济事项分别需要哪些人签字？

• 公司用什么样的组织架构（组织机构）？要不要建立利润中心或成本中心？财务核算要精确到哪一层级？是分部门核算还是分人头核算？要不要有内部审计部门？财务部门是归总经理管还是董事长管？

• 如果是集团公司，分、子公司的财务人员是否统一纳入集团财务总监管控？人事任免权、定薪权、调岗权、考核权等归集团财务总监，还是归分、子公司总经理？如何用各种手段去管控下属机构？集团预算管控、集团信息系统、集团财务制度、集团成本与风险管控有没有贯彻实施？

• 财务部门的组织机构怎么设计？如何分工？每个岗位的工作职责是什么？需要招聘什么水平的人来担任相应岗位？如何考核财务人员？如何培养和选拔财务人员？如何加强财务团队的建设？

……

上述的这些问题，都是企业的财务系统建立之初就必须深入考虑和回答的。

当然，因为涉及财务专业性和实际业务领域，也不是财务人员或老板就能独立解决的。我们在企业财务咨询项目上，需要与老板、高管、财务三方面的人员反复沟通、深入调研后，才能依据企业或老板的战略发展思路，反复推演，设计多个版本，最终总结形成此企业的财务战略与支撑系统建设方案。这个过程可能需要半个月的时间，甚至1~2个月。这个方案一旦落地导入，就会产生决定性的影响，财务其他系统也将在此基础上进行和展开。

战略的失误，无法通过细节的提升来修补，只能重新修订战略。就好比走路时方向错了，再怎么注意细节和管理，也终究是错，只能修正方向，否则容易南辕北辙、越偏越远。

所以，财务战略系统的建设方案对财务体系的建设起着决定性的作用。也就是说，后面账务核算系统、税务管理系统、资金管理系统、成本管控系统、预算系统等均建立在财务战略系统的基础之上。

下面是浙江某企业的财务战略系统建设规划方案（见表2-1），可作为参考。

【案例】

表2-1 财务战略系统建设规划方案

<table>
<tr><td colspan="2">总责任人</td><td></td><td>小组成员</td><td></td></tr>
<tr><td colspan="2">具体方案完成时间</td><td></td><td>方案落地完成时间</td><td></td></tr>
<tr><th>编号</th><th colspan="2">方案具体内容</th><th colspan="2">成果</th></tr>
<tr><td>1</td><td colspan="2">梳理公司战略，制定公司财务战略规划</td><td colspan="2">《财务战略规划方案》</td></tr>
<tr><td>2</td><td colspan="2">根据公司财务战略，设计财务职能战略规划</td><td colspan="2">《财务职能战略规划方案》《财务部门岗位职责》</td></tr>
</table>

（续表）

编号	方案具体内容	成果	
3	根据公司财务战略及职能战略规划，制定财务团队升级规划	《财务团队升级规划方案》	
4	设计、完善公司股权架构	《公司股权架构方案》	
5	设计、完善公司治理结构	《公司治理结构方案》	
6	设计、完善财务组织架构	《财务组织架构图》	
7	设计、梳理财务部岗位职责	《财务部岗位职责汇总表或职责说明书》	
8	制定工具构成方案	《财务支撑体系工具设计方案》及相关工具	
9	制定制度、流程建设规划	《财务支撑体系制度、流程建设方案》及相关制度、流程文本	
10	……	……	
方案设计者		落地负责人签字	
审核人签字		批准人签字	

说明：

（1）规划方案可以用Word/Excel/Mind Manager思维导图等各种形式来展示或撰写，也可以用空白纸手写，形式不限。

（2）定人、定时、定地、定事、定方法，方案要具有实际可操作性。

公司的形态选择

要创业，就免不了要建立一个组织，让参与创业的人，以组织的形式存在，形成一个公司或企业。

有些老板在注册公司的时候，没有考虑好到底是注册成有限公司还是无限责任。其实，究竟是有限公司更好还是无限公司更好，很多企业老板都没有弄清楚。

有人认为有限责任公司好，因为责任有限、风险小。的确，从风险的角度来看确实是这样，但是一个公司的建设并不能只是从风险的角度考虑，还要从税收、融资、管理、行业、战略等多角度来考虑。有限公司的种类也有很多，比如一人有限公司、多人有限公司、股份有限公司、国有独资公司等；无限公司又包括个人独资企业、合伙企业、个体工商户等。

不同的公司形态会带来不同的问题。比如，从税收的角度来讲，有限公司需要缴纳企业所得税，而无限公司不需要缴纳企业所得税。一家盈利 50 万元的企业，如果是有限公司，则需要缴纳 25% 的企业所得税，老板如果把钱拿走（分红），还需要再缴纳 20% 的个人所得税；而如果是无限公司，则不用缴纳 25% 的企业所得税，只要老板缴纳一定比例的个人所得税即可。从风险的角度来讲，有限公司的风险相对较小，而无限公司的风险则较大，见表 2-2。

表 2-2　有限责任公司与无限责任公司优缺点比较

	有限责任	无限责任
优点	1.只以自己的出资额为限承担责任，一旦公司出事，不会连累老板个人财富和家庭财富	1.税务局关注较少，可申请定额，无限责任相对来说是税收界的黑洞
	2.规模可以做得非常大，客户与供应商信赖度强	2.不符合条件的可以没有账簿，不需要做两套账
	3.公司股权可出售、转让、继承或给高管做股权激励	3.注册手续简便、灵活
	4.可以申请增值税的抵扣	4.老板赚取第一桶金时可考虑采用无限责任
	5.更容易融资、上市，有的合作平台或招投标要求必须是有限公司	5.没有企业所得税

（续表）

	有限责任	无限责任
不足	1.一般查账征税，必须建立账簿，一旦纳税违规很容易被查，做两套账风险极大	1.规模不宜做得太大，企业如果发展大了可能需要变更成有限责任
	2.虽然可以申请定额纳税，但是税务局关注较多	2.客户信任度相对较低
	3.需要缴纳企业所得税	3.融资相对较麻烦
	4.必须聘请专业的财会人员，如果一直委托代理记账，容易导致账实不符，形成“假账”	4.只合适少数行业和部分情况

【案例一】

有一个经营美容美发产品销售的老板第二次来参加我们的课程复训时，考问我：“张老师，我上完‘财务系统’课程回去之后，把公司拆分成了三家，一家‘一般纳税人’，一家‘小规模’，一家‘个体工商户’。你猜猜哪一家规模做得最大？”

“哈哈，你不问我还不知道，你一问，我猜肯定是个体户！”

该学员的公司在广州，他在上课后，总结出自己的企业有三类客户：分别是商场超市、各大酒店和路边的美容美发店。对应着这三类客户，该老板把自己的企业拆分成了三家公司：第一家定位为一般纳税人公司，第二家定位为小规模企业，第三家定位为个体工商户。三个实体由不同的人员经营和负责，完全区隔开。

之后，有客户来找他谈合作的时候，他一定要先问清楚对方是什么公司。如果对方是商场超市，就让一般纳税人公司与之合作；如果对方是酒店，就让小规模公司与之合作；如果对方是路边的美容美发厅，就让个体工商户与之合作。

拆分一段时间以后发现，竟然是个体工商户最大，因为公司拆分以后可以直接用个体工商户的身份减小税务风险了。

【案例二】

有一家生产制造企业，历年财务数据测算出来大约有30%的客户是不需要发票的，只有70%的客户需要开具正式发票。这家企业将不需要发票的30%的销售收入全部打入了个人银行卡，老板不想缴纳税金，那他们是怎么做的呢？

以前一直是通过做两套账的方式来解决，把不需要发票的收入在内账中隐藏起来，报给税务局账表上只有需要开具发票的销售收入。这样做的结果就是，一旦被税务稽查发现，这个老板会被判刑7年。

假设：工厂生产的成本是60元/件，按照原来100元/件的价格对外销售。以前账务处理办法是：每个月销售100件，其中70件因为客户需要发票则财务记账，另外30件因为客户不需要发票而不记账（实际记入了内部账簿）。这样容易导致的结果就是：一旦被税务稽查，非常容易查出其逃税的事实。因为做两套账的过程中，非常容易产生存货账实不符、货币资金账实不符、账外资金回流等问题，这些都是导致税务稽查突破的偷税痕迹。而如果用个体工商户的方式，则可以适当地规避或降低风险。具体的做法是，在这家工厂下游设立一个“销售公司”，同时再另外设立几个“个体工商户”。

那么，工厂生产出产品以后，不直接对外销售，全部由下游的销售公司或个体工商户对外销售。工厂产品成本是60元/件，现在对外不再卖100元/件，而是以80元/件的价格卖给下游的销售公司或个体工商户，这样工厂的毛利是20元；下游的销售公司或个体工商户再对外卖100元/件，把20元的毛利润留在销售公司或个体工商户一部分，因为销售公司和个体工商户也都是股东自己掌控的，甚至可能和工厂的股东都是一样的。

以后销售时，如果买家需要发票，则与销售公司合作；如果买家不需要发票，就与工厂下游的个体工商户合作即可。

这种方式的税务风险还是存在的（如：通过查产品供应链条与资金往来还是能查到个体工商户的具体销售规模），但是比直接做假账的风险要小得多。

当然，个体工商户的规模不能做得太大，一旦达到一定的规模，就应该主动去工商税务部门更改纳税方式。

在浙江省的一些县城，有很多做电商的商户，他们在工商税务部门登记的都是个体工商户（部分迫于上下游合作商的强烈要求，改成了“有限公司”），但实际上这些个体已经把规模做得很大了，有些甚至做到了几千万元甚至上亿元的规模，即便如此，他们仍然是个体工商户的形式。

从某种角度上说，个体工商户仍然是中国税收界的黑洞，也是许多老板赚取第一桶金的方式之一。这种做法虽然也有一定的风险（规模到一定程度需要主动向税务部门申请增加定额或改变征收方式，否则税务可以稽查、处罚以前的未申报纳税部分），但是与做两套账相比，风险要小一些。

不过，一直有传言，国家将在未来几年取消个体工商户和定额征税方式，所有涉及银行、支付宝等金融机构的资金往来行为，都将与税务局联网，也就是说所有的资金流动税务局都将得到信息，这时再想逃税就变得困难重重了。电子发票已经开始使用，取消纸质发票也指日可待。

所以企业如何选择，一切都要“从未来看现在”。财务规范和正规纳税才是硬道理！

公司间关系与税务筹划

老板在企业发展过程中，往往因业务需要，可能会建立多家公司，或因为多元化，或因为上下游产业链延伸，或为主业的配套，或为建立企业的竞争“护城河”等。

公司间的关系分为三种：兄弟关系、母子关系、总分关系。

1.兄弟关系

两家公司是平级的，可能有相同的股东，但互不影响，也不涉及直接的利益瓜葛。当然，有的企业为了银行贷款融资需要（银行在提供贷款时，可能会要求把资金打给供应商），这时企业为了把资金顺利拿回来，会人为地设立自己能掌控的供应商公司，这种情况下，公司之间可能也会是兄弟关系。为了避免关联交易，兄弟公司在中国常见的是代持关系。

2.总分关系

分公司的一大好处，就是可以与总公司合并纳税，也就是说如果B分公司亏损500万元，A总公司盈利500万元，这时将A、B公司的利润合并汇总，企业所得税就是（500-500）×25%=0元。但是分公司的缺点也很明显，就是分公司不是一个独立的法人，所有的民事责任全部将由总公司承担。

3.母子关系

子公司不能与母公司合并纳税，子公司的亏损与母公司的盈利是没有办法抵消的。但是子公司可以允许其他人（如子公司总经理）入股成为工商注册股股东。子公司还可以独立上市、并购、融资，子公司也可以独立享受税收优惠政策。

公司间关系设计的秘诀：同行业，用总分。上下游，用母子。多元化，用兄弟。

当然，上述公司间关系设计秘诀也不是绝对的，有的企业是同行业，但仍然用母子，比如房地产行业。

产业链的上下游也可以用母子关系，假如产业链中有一家公司可以享受税收优惠政策，那么在不涉及关联交易利润转移税务筹划的情况下，就可以大量地进行重新定价，把利润调整到享受税收优惠的子公司中，前提条件是不要有市场标准参考价格，能说明清楚正当的定价理由。

【案例】

广东有一家企业的董事长羊总来上我财务课程的前一个月公司刚刚被税务局稽查，交的补税、滞纳金、罚款合计 4200 万元。羊总上完课程后，感觉收获颇多，便请我做他们公司的财务顾问。

我去了以后发现，羊总共投资了 28 家公司，这 28 家公司之间的关系，没有经过任何股权架构的设计，更没有考虑过未来的纳税问题。

我觉得很奇怪，该企业的规模已经不小了（年销售额 20 多亿元），就问羊总其企业发展的过程。

羊总解释说，自己原来是生产办公家具的，20 世纪 90 年代初开始创业，经过苦心经营，在当地非常有名气。90 年代，当地市中心的国有百货大楼由于经营不善，濒临破产。当地政府相关领导找到羊总，希望他的企业能够把这个百货大楼买下来，在发展企业的同时，解决一些下岗人员的就业问题，分担一点政府的压力。

羊总拿到百货大楼的时候，也不知道应该做些什么，就在大楼里面陈列了一些家具来卖。没想到因其在城中核心的地理位置，家具销售的生意竟然越来越火！

90 年代末，政府又给这家企业在城市郊区划批了一些土地，让羊总去郊区建立一个家居市场或家具城。

于是，羊总的公司就从主营家具销售变成了从事商业地产活动的公司，政府给羊总批的地比较多，他除了建家具城，顺便又盖了写字楼，彻底进入商业地产行业。后来为了做配套，又盖了酒店，进入餐饮酒店行业。再后来又延伸出物业公司、材料公司、互联网公司等，一共 28 家公司。

而这 28 家公司的股东基本就是他和他妻子两人，个别公司还有老板弟弟的极小部分股份。就是这样一个未经设计的公司股权架构形态，导致这个老板后来遇到了诸多问题。

图 2-1 为我根据公司章程及羊总口述，画出来的该企业未经设计的公司股权架构图，基本上都是由老板以自然人名义出资入股，有几家公司是找人替羊总代持一部分股份。

这样的股权架构存在很大的问题，资金怎么在公司之间流动？赚了钱如何分配？要不要缴纳巨额的个人所得税？未来企业怎么上市？如何清晰定位？如何形成战略产业板块？……经过几天的深入探讨，我终于帮这家企业梳理了一整套的股权架构，如图 2-2。

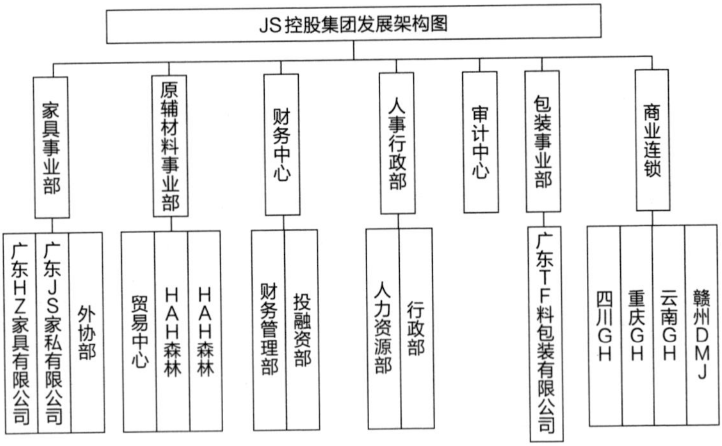

图 2-1 JS控股集团发展架构图

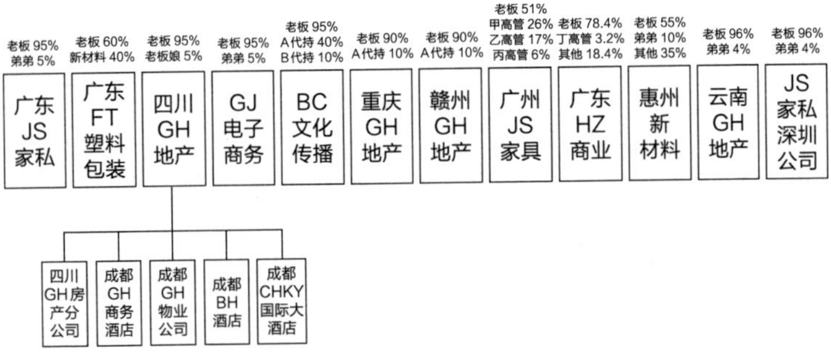

图 2-2 梳理后的股权架构图

股权架构设计

关于公司股权架构的设计，涉及会计、税法、法律、人力资源、战略、管理、融资等多方面的知识体系，所以能真正讲明白的人并不多。

目前有许多讲股权激励的人力资源派的老师，他们更多的是从如何给高管股份、给多少、怎么给等人性的角度来探讨股权问题，而不是从财务系统的角度讲股权架构，因为精通税法和财务的人力资源老师太少了。从建立财务系统的角度所讲的股权架构设计更多的是从战略与顶层设计方面来综合考虑。

股权架构设计的内容比较庞大，在我的财务课程中，往往要花 3~4 个小时来给大家梳理和详解。在进驻企业做财务咨询辅导时，往往花 2 天以上的时间与董事长及高管探讨，最终确定企业的股权架构图。下面以一个案例切入探讨这个复杂的问题。

【案例】

江苏有一家建材公司，这家建材公司的账面上（税务账）有 1000 万元的未分配利润。现在要把这 1000 万元的净利润拿出来，单独再注册成立一家工程公司，这 1000 万元怎么拿出来呢？账上怎么处理？数万家来自全国各地的民营企业总结拿出这 1000 万元的方法有以下几种：

第一种是借款的方法。但是借款早晚都要还，而且税法中针对股东借款还专门出台了文件，比如股东从公司借了款，到该年的12月31日没有还款，则视同分红，需要缴纳20%的个人所得税，也就是借了这1000万元，如果年底还不上，那么老板要缴纳200万元的个人所得税。

当然，老板也可以在12月31日之前还上，等1月初再重新借款。但这样做非常折腾，如果资金已经投资到其他地方了，为了临时调用一下可能还需要借高利贷。等到建材公司有一天因某种原因需要注销的时候，这笔个人所得税还是要缴纳的，是躲不掉的。而且，股东借款的这种方式弄不好还会涉及抽逃注册资本金的问题。

第二种方法就是买发票套现。这也是民营企业使用较多的一种方法。比如买来1000万元的成本票或费用票，计入建材公司的成本费用中，把利润降低，套出现金。这种方法很有可能给老板带来刑事处罚，所以这种方法也不合适。

第三种方法是分红法。分红法是国家鼓励使用的一种方法。所谓分红就是把企业缴完所得税之后的净利润分配给股东。但是分红给自然人股东就要缴20%的个人所得税，这是绝大多数民企老板都不想也不愿意做的事情。

对于民营企业老板来说，用得最多的就是前两种方法，也就是在没有缴税的情况下直接把钱拿出来。但是，这两种方法中第一种很容易带来新的经济问题，第二种很可能会带来牢狱之灾。那么，到底有没有一种可以有效避税的万全之策呢？

由于在给中小民营企业做财务咨询和辅导的时候经常碰到这类问题，于是我设计了一种方法，既可以免去20%

的税金，又可以规避风险。这个方法就是在老板自然人股东与这个建材公司之间设立一个X公司，即老板自然人股东占有X公司100%的股份，X公司以法人股形式持有下属的建材公司、工程公司等主体公司的股份，X公司占有下面主体公司100%的股份。

也就是说，原来是老板自然人当建材公司的股东，现在建材公司的股东变成了老板投资的X公司。

X公司的作用相当于一家投资公司，这家投资公司不做任何具体的业务和交易，也不从事任何生产经营活动，X投资公司只做一件事情，就是对下面的公司进行投资，并接受下面公司给它的分红，X投资公司拿到分红以后又对外进行投资。

假如建材公司有1000万元的净利润（企业所得税税后利润），而建材公司的股东是X公司，建材公司就可以把这1000万元净利润分红给X公司。这样就成功避免了给自然人股东分红时的20%个人所得税。

在中国的税收法律中，公司之间的分红是免税的。所以建材公司给X公司分红，建材公司用于分红的利润是已经交过企业所得税的税后分红，所以X公司收到该股利分红时，不需要再缴纳企业所得税。

但是，如果老板个人要想把X公司账上的钱再拿回家使用，还是一样要缴纳20%的个人所得税的。也就是说，这样仅是避掉了不用拿回家供家庭消费部分的资金（也叫投资资金）的个人所得税。比如建材公司一年的净利润是2000万元时，老板拿回家供家庭消费的金额可能只有300

万元（这部分是需要缴纳个人所得税的），剩余的1700万元的净利润则要用于扩大规模或投资新的业务领域，这1700万元的资金就没必要给老板个人分红，可以放在X投资公司账上，由X公司直接对外投资从而规避340万元的个人所得税。

1. X公司的运用

老板应该把所有赚的钱分别放在一左一右两个“口袋”中，左口袋的钱用来“消费”，用来打理柴米油盐和衣食住行等事务，右口袋的钱主要用来“投资”。

假如一个老板一年只赚了100万元，他有可能把这100万元全部消费；但当这个老板一年赚了1000万元时，他可能只会拿出200万元消费，其余的800万元投资。

如果绝大部分资金用于再投资，那么就可以直接把钱转到类似上述案例中的X公司账户，就相当于右口袋。

老板用作个人消费的这一部分钱要交20%的个人所得税，而拿去投资的这一部分钱则因为X公司的存在给老板节省了。如果没有这样一种合理的集团公司的形态，而是老板直接占有属于公司的全部股份，就没法做合理的税务筹划了。

【案例】

我在宁波讲课时遇到过一个纺织行业的老板，他有两家公司，暂且取名为A公司和B公司。

A公司是一家成立很久的老公司，在税务方面存在很大的风险（曾经买过发票、偷过税、做过假账等）。为了规避风险，老板将A公司的业务慢慢转移到了新成立的B公司中。目前A公司基本上成了一个空壳公司。

现在该老板想把B公司做上市（新三板挂牌），但上市公司有一个要求，就是不能存在同业竞争。

由于A、B两家公司在业务范围上是有冲突的，也就是说只要A公司存在，B公司上市就存在障碍。于是该老板想要把A公司注销掉，在注销前仔细审查时发现，A公司的资产负债表上还有4800万元的未分配利润！

A公司是老板自然人当股东，如果注销，那么他将为这4800万元的未分配利润交20%的个人所得税，共计960万元。

如果能及早地设立专门用来投资的X公司，那么直接把4800万元的利润分配给X公司，A公司就可以很顺利地注销了，解决这个问题也会简单很多。

也许有人会问，在前面讲到的那个案例中，老板已经是28家公司的股东了，如何在老板和实体公司之间再设立一个X公司呢？

首先，该公司老板需要找到一定量的过桥资金来成立X公司，然后由X公司收购主体公司。具体步骤如下：

第一步：老板找资金方借1000万元过桥资金，成立X公司，1000万元资金到了X公司的公司账户。

第二步：X公司收购建材公司股份，假设建材公司正好净资产是1000万元，则X公司把1000万元给老板（建材公司的股东），老板再把建材公司的公司章程中的股权变更为X公司，这样就变成了老板持有X公司股权，而X公司持有建材公司股权的形态。

第三步：老板把卖建材公司收到的1000万资金还给资金方。这个X公司的设立就算完成了。

在实际企业操作过程中还要注意一个问题，就是建材公司的税金问题。比如建材公司的资产负债表上显示：注册资金是100万元。未分配利润是1000万元。评估公司给建材公司的评估价是3000万元。那么要把建材公司的股权卖给X公司，建材公司如何定价呢？中间又需要交多少税金呢？

假如这家建材公司最终估价是3000万元，除去最开始的100万元注册资本金，相当于赚了2900万元，如果老板把建材公司按照3000万元的估值卖给X公司，那中间将要交纳相当大的一笔税金（2900万×20%=580万元）。

老板是否可以以100万元原始注册资本金价格，低价卖给X公司呢？反正两家公司都是同一个老板，左口袋和右口袋而已，都是自己的。答案是不可以，税法不允许出资资产以低于净资产的价格出售。

正确的做法是，以建材公司净资产的价格卖掉，也就是1100万元。即注册资金100万元和未分配利润1000万元。这1000万元的未分配利润，还是要交个人所得税的。也就是说，在进行股权变更的过程中，企业要把当初应交却未交的税一次性补上。其实，相当于把这1000万元的税后利润给股东进行了分红，交了20%的个税，然后再以100万元的价格出售建材公司股份。

这时有人又会问，即使按照1100万元的价格卖掉建材公司，也要交200万元的税，那么是否有必要成立X公司呢？

我觉得，设立X公司不只是为了眼前，更是为了企业以后的发展。如果不设立X公司，未来损失的只会更多。第一年因为不舍得200万元的税金，没有设立X公司。第二年如果再盈利1000万元，那就是400万元的税金。第三年再盈利1000万元，那就涉及600万元的税金……所以，X公司还是越早设立越划算。

2. Y公司的运用

当然，不是所有的企业都适合使用X公司，有些适合使用Y公司。Y公司，这里是指有限合伙企业。有限合伙企业属于无限责任，不用缴纳企业所得税。

老板对外投资的股份可以分成两种，一种叫作实业投资，一种叫作财务投资。所谓实业投资是指老板拥有控股权，并且亲自参与经营，不轻易把公司股份卖掉，会当成一辈子的事业来做。而财务投资是指老板只出钱，既不控股也不经营，盈利以后捞一笔就走人。

如果是实业投资，建议用X公司当股东；如果是财务投资，建议用Y公司当股东。

【案例】

某汽车贸易集团旗下有9家4S店，这9家4S店分别在工商局注册了有限公司。

比较独特的是，该公司的股东分为两类，一类是“注册股东”或“登记股东”，就是在工商局注册登记的公司章程上注明的股东；一类是真实的股东，也叫作“经营股东”。两类股东都出资了，二者的区别是：注册股东出资购买了4S店经营所在的土地，盖建了厂房。经营股东出资运营，即运用流动资金进行实际的销售经营，如购买汽车、配件、工具设备、招聘员工等。

如，这家企业在工商局注册的登记股东分别是A、B、C三人，实际上真实的经营股东是A、D、E三人。A、B、C三人共同投资了1200万元，购买了土地和厂房。A、D、E三人共同投资了1500万元，购买了汽车并开始运营。

从上面描述中可以看出，A这位股东是重合的，既是注册股东又是经营股东，B、C、D、E股东是不重合的。这个“集团”下面的9家公司，有8家公司几乎都是这个情况。这里说的“集团”其实是个虚拟概念，因为企业并没有真正注册成某某集团。

B、C是注册股东，不参与经营，但是A既是注册股东又是经营股东。而且A、D、E三人1500万元投资产生的经营利润，是不用给A、B、C三位注册股东分红的，只需要给一个固定金额的类似房租的利息。真正接受净利润（付完A、B、C三人的固定利息后的利润）分红的只有A、D、E三个人。

如果此时有一家上市公司想要收购这个4S汽车贸易集团，那么这9家4S店应该如何卖呢？

A、D、E这三位股东，曾在重庆、北京连续两次参加我主讲的“老板财务”课程，在课程中他们恍然大悟：恰当的时候把整个企业当“猪”卖掉，迅速回笼资金以投资新的项目，也是一种不错的经营方式。

那么，究竟是卖“注册股份”还是卖“经营股份”？还是两者合起来一起卖呢？他们没有搞清楚。

受邀给这家企业做咨询后，我用了五六个小时的时间把所有的股权架构梳理清楚，并且重新划分设计，我将整个组织架构变成了两大板块，一块是“投资运营中心”，一块是“资产管理公司”。

“投资运营中心”会用到“有限合伙企业”的公司形态。因为投资运营中心将会涉及公司股权的买卖，那么就应把所有经营的甲、乙、丙、丁等4S店囊括进来，这是经营权（经营股份）。等到出售股份时必然会溢价出售，可以不用交纳企业所得税，只需交个人所得税。

如果把甲、乙、丙、丁等店铺的资产全部放进“资产管理公司”，资产管理和投资运营中心分别有不同的股东。这样，企业的架构模式就非常清晰了。这家4S集团在出售的时候，究竟是卖经营股份还是卖资产，也非常清晰。

很多企业在初创的时候都是一艘一艘独立的“小木船”，没有连成一个整体，而经过X公司或Y公司的改造以后，就变成了一艘航空母舰。比如运用了X公司，老板不再是下面公司的直接股东，只是X公司的股东，而X公司下面可能会有好几家集团，如家居制造集团、酒店集团、房地产集团，等等。见表2-3。

由此可见，股权架构设计是企业财务管理的核心基础。

表 2-3　某 4S汽车贸易集团各公司股东经营股份明细表（部分公司）

股东	甲公司				乙公司			丙公司			丁公司			戊公司		
	登记股份	占比	经营股份	占比	登记股份	经营股份	占比	登记股份	经营股份	占比	登记股份	经营股份	占比	登记股份	经营股份	占比
肖老大	286	26%	275	25%		875	43.75%	770	218.75	43.75%				528		
肖老二			264	24%		325	16.25%		81.25	16.25%	450	325	65%	220	330.2	65%
刘总	198	18%	286	26%		200	10%	330	50	10%		25	5%	220	50.8	10%
张总	110	10%	275	25%		200	10%		50	10%		25	5%	132	50.8	10%
罗总						100	5%		25	5%					25.4	5%
谢总											50	50	10%		50.8	10%
卢总						300	15%		75	15%		50	10%			
邓总												25	5%			
刘女士					770											
赖女士					330											
李女士	198	18%														
许女士	198	18%														
黄总	110	10%														
小计	1100		1100		1100	2000		1100	500		500	500		1100	508	

说明：

另外 4 家公司，股份结构类似前 5 家公司，所以不再展示。

3. 一个创业项目的股权架构案例

前段时间，一个做企业管理咨询出身的老板来上我的财务体系课，课上他说有一个非常好的项目打算投资——殡仪馆和墓地，净利润率能达到89%。而且，目前全国各地的商业性殡仪馆墓地都很凌散，无法打包一起上市。所以希望我帮忙设计一个能把全国商业性殡仪馆墓地都整合在一起，共同上市的股权架构图。

在有人愿意做财务投资的情况下，为了保持控股权，让投资人最多占股 48%。

有的商业性殡仪馆墓地愿意打包进来，将股权整合在一起，最终把上市主体公司的市值做大。但是每一个被并购进来的墓地公司，原股东只能持有 48% 的股份，置换成准上市公司股份或上市公司给投钱，增资扩股占 52%。这样，按照我们一起重新设计的股权架构，创始人用很少的资金就可以成立一家准上市公司，见图 2-3。

4. 一个建材公司的股权架构案例

一家建材公司的董事长林总，他企业的主营业务是建材商贸，一年销售额 2 亿~3 亿元，并成立了 9 家个体户。另外参股了LS建材、物流公司、装饰公司，还参与了金融、农业、餐饮、培训几家公司的财务投资。

在我们帮助其设计股权架构之前，大量的建材销售业务都是以个体工商户开展的。许多不要发票的客户都没有交税，部分需要发票的客户也存在发票虚开的情况。财务整改前的股权架构如图 2-4。

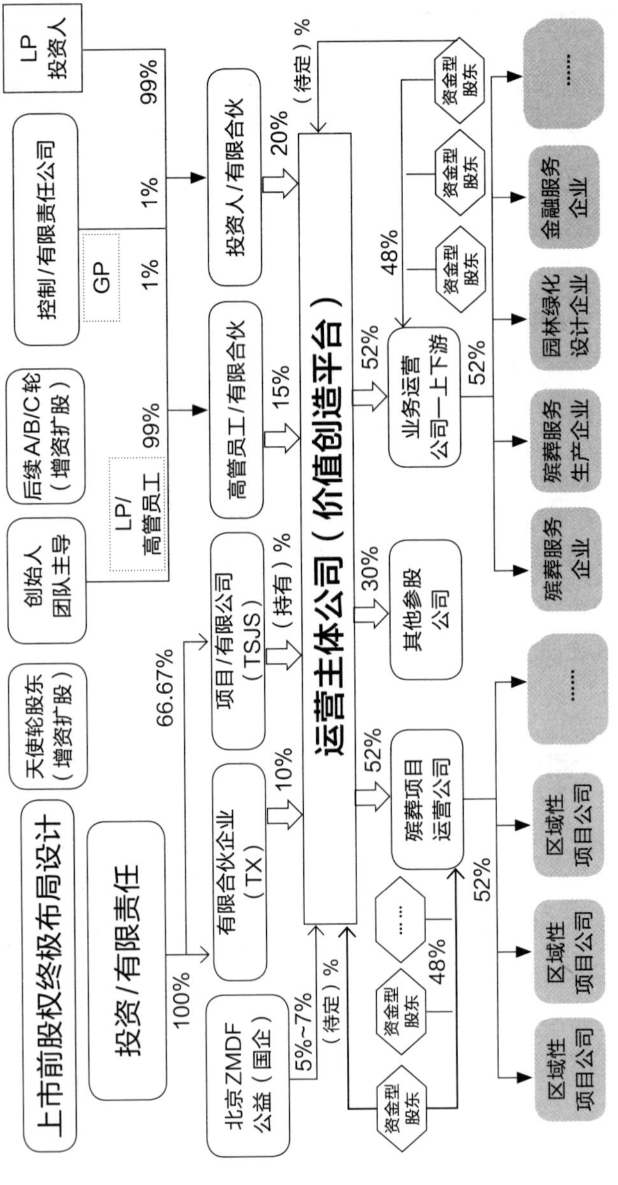

图 2–3 整合后的上市公司股权架构图

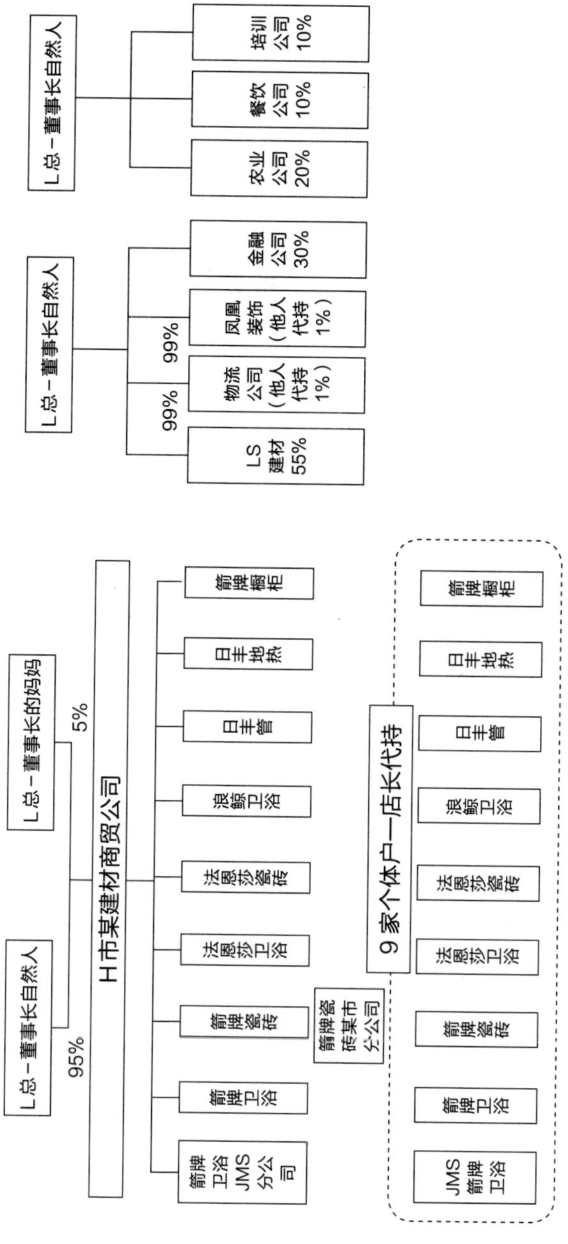

图 2-4 整改前的公司股权架构图

林总想给高管做股权激励。但是股权激励前必先做财税合规改造，不能再盲目偷税违法经营。

林总跟我说，公司拿出7%的股份给执行总裁W总（追随林总12年的一位能力非常强的80后）。另外，还想拿出10%的股份给大约10名高管。最关键的是，家族7位成员（父、母、妻、姐、前任妻子生的儿子以及现任妻子生的2个女儿），要给以相应的股份，让他们每年拿到一定金额的分红，还不能参与公司的决策。

林总一边讲他们家和企业的故事，以及他的想法和顾虑，我一边在投影仪前画出他们家的股权架构设计图。从中午1点到晚上12点，历经11个小时，形成了这个架构设计图，见图2-5。记得这个图画出来时，林总舒了一口气，说："张老师，困扰我两年多的问题解决了，现在我全都明白了。"

管理架构设计

股权架构与管理架构不同，股权架构更多的是涉及法人关系与结构，管理架构更多的是涉及内部管理模式、责任分工、业绩考核及权限划分等。

有的企业会有"一套人马、多块牌子"的情况，即有一套管理架构和团队，但同时在法律上注册多个法律实体（股权架构）。有的企业是采用阿米巴经营模式，内部划分

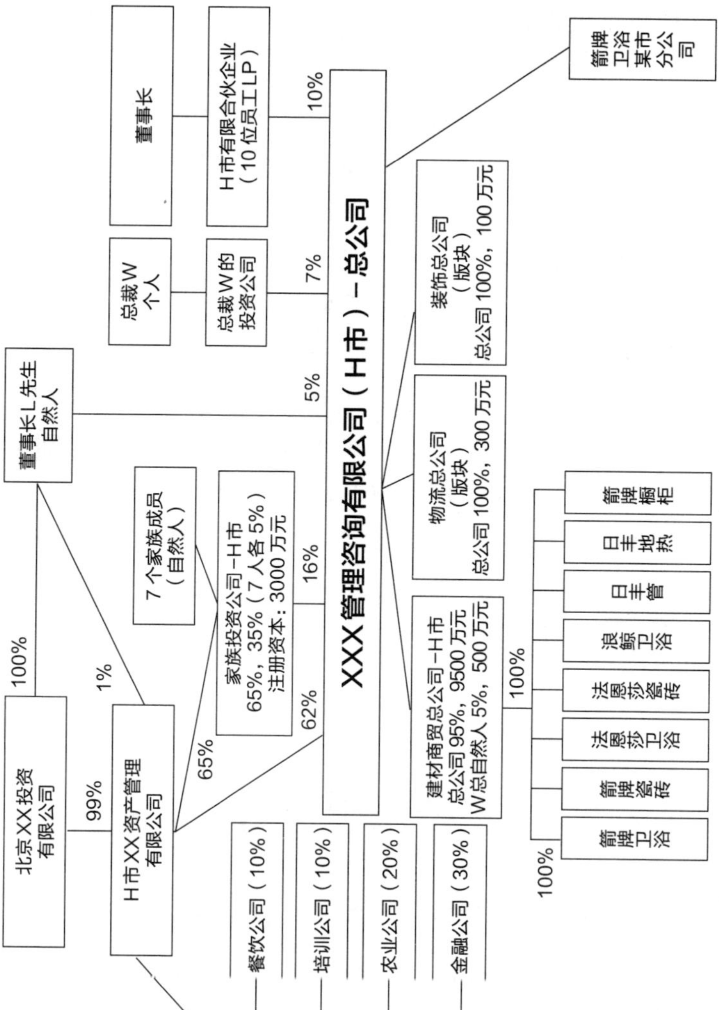

图2–5 整理后的公司股权架构图

成若干个经营单元，均独立核算，内部交易市场化、自主化。这也可以说是一个法律实体中存在多套小管理班子，顶级有一个大的管理班子。这些都是不同企业的管理架构的设计。有的企业在设计管理架构的时候会发现组织不健全，比如审计部门权责利不清晰、财务部门不在董事长的管理范围之内，等等。而管理架构不健全往往是因为股权架构不清晰导致的。

当一个老板只有一家公司的时候，股权架构就等于管理架构；当一套人马管理多家公司的时候，那么管理架构要大于股权架构。如果一家公司的每一个事业部都拆成独立核算的经营实体，或者把一个大公司切割成很多个小的独立核算单元，那么股权架构大于管理架构。

如果企业没有梳理清楚管理架构，那么接下来就会出现做账的时候不知道该做哪一套账、做出来的报表给谁看等问题，所以管理架构的设计非常重要。

财务组织的设计

1.集团财务的三种管控

当企业确定了股权架构和管理架构，接下来就可以确定财务部门的组织架构了。集团公司的总部和分公司及子公司的财务如何管理，财务部门具体涉及哪些模块、职能涉及领域，都是企业建设财务系统过程中需要考虑的问题。

对于集团公司的财务有三种管控形式：战略型管控、财务型管控及业务型管控。从另一个角度来说，又可以分为集权管控、分权管控及介于两者之间的管控三种方式。企业应该根据实际情况及被投资公司的关系选择管控的类型，不同的管控方式有不同的管控点，如图 2-6 所示。

	战略型管控（分权）	财务型管控（集权/分权）	业务型管控（集权）
总部与分支机构关系	• 战略型财务投资 • 不需要绝对控股 • 无业务管理 • 考核财务指标	• 行业多元化 • 对下属公司投资 • 业务指导和建议 • 汇总财务报表	• 对下属公司进行业务管控 • 日常经营统一协调管理
管控的目标	• 股东回报率最大化 • 分析经济增加值EVA • 财务战略矩阵	• 业务组合的协调 • 上下游产业打通 • 产业集群协同	• 整体协调发展 • 优化的业务流程 • 强大的管理制度 • 产品质量保证
管控点与方式	• 法律与投资关系 • 企业并购 • 独立的财务体系	• 委派财务人员 • 人事权 • 战略规划 • 预算管理	• 集中财务与资金 • 统一信息系统 • 统一战略与制度 • 统一技术与研发 • 统一人力资源

图 2-6 不同的管控方式管控点不同

2. 财务组织体系

财务组织体系也叫作财务架构系统，包括四大分支，分别是财务会计体系、管理会计体系、财务金融体系、税务管理体系，每一个体系都对应着不同的职能，见图 2-7。

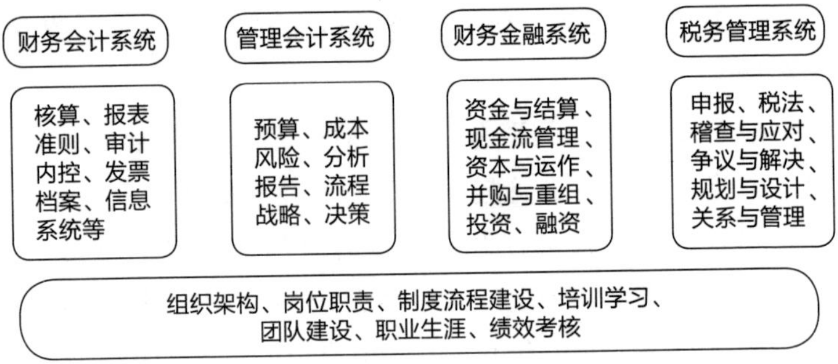

图 2–7　财务组织系统及其构成

很多民营企业在财务会计体系方面做得最多，在管理会计体系做得极少甚至为零。财务金融体系也非常薄弱，导致老板不得不亲自管理融资、贷款的事情。而所谓的税务管理体系，无非就是开个发票而已，很少有合理税务筹划的举动。

我给企业设计的财务部的组织架构就是基于财务部的职能确定的。

有些民营企业老板会问，自己的企业没有这么多人，规模不是很大，财务部也不会安排这么多员工，怎么办？尽管企业的规模不大，员工也不多，但是老板的头脑里必须要有这四大体系。

如果这四大体系的工作必须有人负责，那么可以对其进行相应的合并，把两个合并成一个，把四个合并成两个，比如由财务经理来做管理会计及与财务金融相关的工作。

3.财务部门组织架构设计

【案例】

有一家专门做建材贸易的企业，年营业额3亿元左右，分别代理了法恩莎卫浴、箭牌瓷砖、日丰管等9个品牌。

该公司每一个品牌都有一套自己的会计团队，假如一个品牌有2~3位财务人员，那么9个品牌就是20多位财务人员。

即便如此，财务人员还是不够用。这就是一种典型的分散型财务，还没有形成一套合理的财务体系。

访谈的信息概括如下：

（1）不含财务经理、财务总监，共21个会计，另有8个录入人员。

（2）目前财务人员工作还非常繁忙，人手严重不够。

（3）企业一共建有15个账套。

（4）财务人员与各店面业务人员的沟通工作量较大。

（5）各账套之间的财务科目不统一，不便于数据汇总。

（6）财务人员基本上是做账的会计和出纳人较多，工作重复性高、雷同的较多。

（7）基本都忙于低层次的核算工作，基本没有人做财务分析、预算管理、内部控制、流程设计、ERP管控等大财务的工作。

20多个财务人员中，没有做财务分析的，没有做内控的，没有做流程的，也没有做预算的。基本的记账工作主要是出纳和会计在做，并且记的“账”还达不到管理的要求，基本处于糊涂账的水平。

下面是该企业财务总监提供给我的现行财务部组织架构图，见图 2-8。类似这种情况在企业中并不少见。

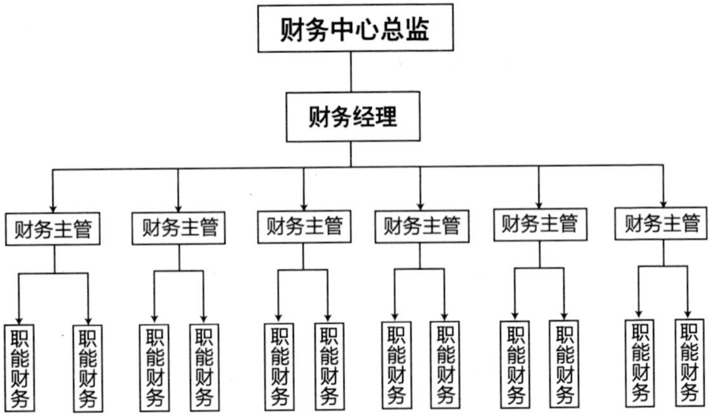

图 2-8　现行财务部组织架构图

企业在设计财务部门的时候，应该按照以下四大模块来设计，将职能分配到岗位，定岗定编，见图 2-9。

有的企业认为，在一定情况下，财务分析、预算、内控、税务筹划等“大财务”工作由财务经理或财务总监兼任是可行的。但是往往出现的结果是核算部分工作效率太低或工作量过大，导致财务经理或财务总监也牵扯进去过多的精力和时间，无暇顾及“大财务”或“管理会计”的工作了。

所以，在设计财务组织架构图时，一定要把“大财务”的岗位设计出来，没有找到合适的人员时，先由财务经理或财务总监兼任，也就是一人多岗，见图 2-10。一

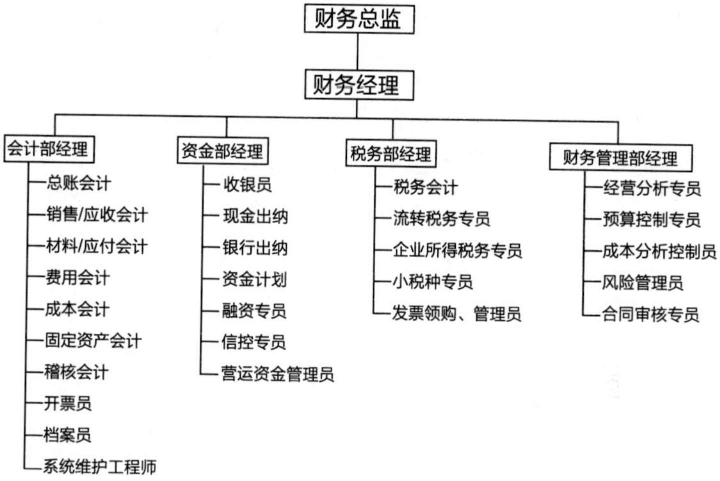

图 2-9 财务部职能架构图

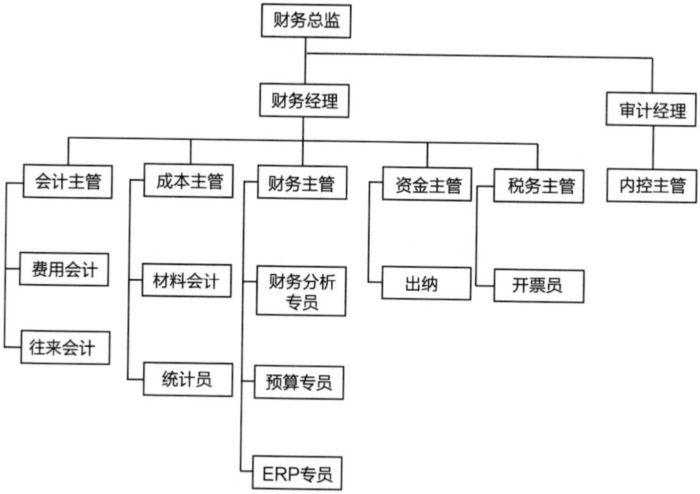

图 2-10 财务部组织架构图

旦有合适的人员加入，财务经理可不再兼任。这种强制要求，让财务经理明晰其工作的“多个岗位”及每个岗位的“工作职责清单”，避免忽视“大财务”工作。

企业在安排财务人员数量的时候不要可丁可卯，如果制定了8个岗位，那最好是安排9个人或10个人。也就是说，要比理论需要的人数多1位。因为种种原因，如员工离职、休假等计划与实际总会有一些差异。尽管多安排一个人，企业会为此多承担一个人的工资，但这会避免很多问题，损失与成本比较起来，还是多安排一个人更划算。

财务部门岗位的设计应配合企业的发展节奏，企业投资扩张的时候，要提前储备财务人员，提前培养财务经理。

财务军团的建设

财务人员的管理及财务团队的建设是很多老板头疼的问题。有些老板跟我诉苦说，公司的财务人员太专业，自己什么也看不懂，不知道怎么管。管多了，财务人员觉得老板讨厌，说老板什么也不懂还瞎指挥。管少了，财务人员总是让人不满意，不能站到企业或老板的角度做财务。

如何选择或招聘财务人员？这个问题很不简单，我在自己领导的金财咨询公司招聘财务咨询人员时就深有体会。在此，我将自己总结的招聘财务咨询师的一点经验与大家分享，以供参考。我们对财务咨询师有三个要求，概括起来就是“高”“干”“说”这三个字。

所谓“高”，就是要有老板的高度，即看待问题的眼光要能够站在企业甚至是行业的角度，能与老板在同一层面进行沟通。否则，老板谈的是战略问题，财务人员谈的是账务核算问题，无异于鸡同鸭讲，自然无法进行深谈。

所谓“干”，就是要有实干能力，不能只会动嘴说，具体工作不会干。比如一个财务咨询师说他做了好多年的财务总监，实际却连一个EXCEL表格都弄不明白，或者连财务软件的操作都搞不清楚，这个人就很难成为优秀的财务咨询师。

所谓“说”，是指具备良好的沟通能力，不善于沟通表达，只知道埋头干活的人也很难成为优秀的财务总监。

当然，并不是所有的财务人员都必须具备“高”“干”“说”的品质，企业主要的财务负责人具备这样的品质即可。

总的来说，一支无坚不摧的财务铁军应该包括以下三个方面的能力：第一，财务专业技术；第二，个人综合素养；第三，职业经理能力。很难说一个优秀的财务经理这三方面的能力各占多少比例，有人认为是4∶3∶3，也有人认为是各占33%。但可以肯定的一点就是，许多注册会计师或财务专业人士无法成为一名合格的财务总监，不得不承认其在综合素养与职业经理能力方面有着极大的欠缺。

财务专业技术包括五大方面：

账——会计核算与财务分析能力；

钱——资金计划与融资投资能力；

税——税务管理与税务筹划能力；

控——成本预算与流程控制能力；

器——数据信息与工具应用能力。

个人综合素养包括：忠诚与心态、悟性与责任心、逻辑与呈现、情商与逆商等。

职业经理能力包括：分析判断能力、独立思考能力、外交沟通能力、商务谈判能力，还有团队打造能力。

这三大模块构建了财务铁军的技能框架，如图 2-11 所示。

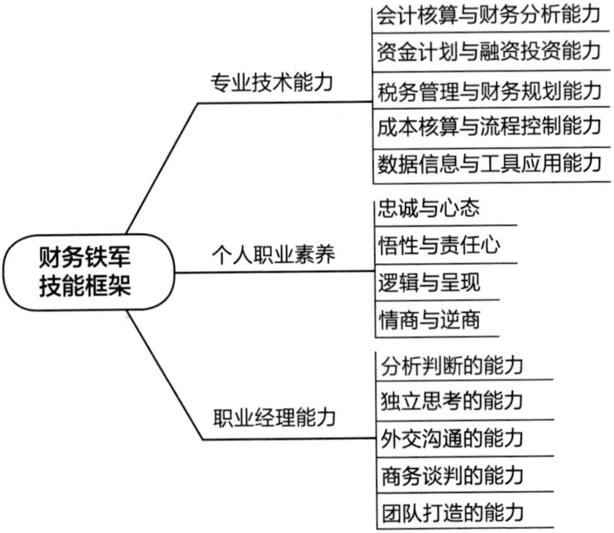

图 2-11　财务铁军的技能框架

通过无数次的实践，我总结出了一套“财务军团 10 大军规”，具体如下：

（1）站在老板的角度做财务。

（2）深入业务与企业经营。

（3）为销售提供感动式服务。

（4）早请示、晚汇报，忠诚大于能力。

（5）每天写工作日志。

（6）给老板一整套管理报表。

（7）做所有部门都能懂的财务分析表。

（8）账不清楚毋宁死。

（9）每月组织一次财务会议和财务培训。

（10）在合法条件下平衡税务风险与成本。

在财务战略体系中，还有很多实用的工具、制度、流程等，比如财务人员岗位轮换制度、档案管理制度、财务人员招聘制度、绩效考核制度等，这些将在后面章节一一详细讲解。

|第三章|

C A I W U D E L I L I A N G

3

账务核算体系

账务核算系统建设规划方案

账务核算系统，也叫作“会计核算系统”或“账系统”。

账务核算是企业财务管理的基础，也是企业经营业务行为的记录。

账，是一切财务工作的基础。

从接触过和服务过的客户中，我们发现真正做到了“算好账”的少之又少。账上的数据既不能反映企业的家底情况，也不能反映企业的经营情况，更不用说能为经营管理和经营决策提供有用的数据信息。这直接导致公司领导对财务工作极度不满，财务人员也觉得财务不被重视、没有地位。

没有账，成本、预算、财务分析等都无从谈起。杭州一个做教育行业的老板在上我们财务课程时，提到以前在某著名商学院MBA课上听过“财务报表分析”的课程，但是他们公司的账都没有（仍在记流水账阶段），或者说账都是不准的、数据是混乱的糊涂账，甚至连张正式规范的财务报表都没有，这种状态下怎么做财务报表分析？

如何做到“算好账”来改变这个现状，就成了大多数企业财务人员面临的首要问题。许多会计人员，在大学里学财务会计专业，或者毕业后考职称（初级、中级、高级会计师）、注册会计师等，基本上花时间最多的就是琢磨如何做会计分录——做账，然而到了企业，仍然有大把的财务人员，连账都做不好！

不得不承认，我们给企业做财务辅导和咨询时，在账务核算方面花的时间也是比较多的。

在账务系统方面，要解决许多企业实际存在的关键问题。如：

（1）企业是否准备上市或即将发生并购、重组？对财务核算的要求是什么？账务核算的定位、标准和战略是什么？

（2）财务要做几套账？有几个责任中心？其中利润中心或投资中心有几个，是不是都要有独立的账套？要核算到哪一个层面？绩效考核需要财务部门提供哪些数据？

（3）财务是否需要区分税务账、内部账？怎么做才更安全？哪些地方会存在严重的税务风险和不良痕迹？账表数据怎么保管？

（4）为什么财务部门做的账是糊涂账？如何拿到一系列准确的业务数据？是财务团队人员的能力问题，还是业务流程的问题？如何梳理和再造业务核算流程？以前的糊涂账、乱账怎么梳理？存货账实不符等历史遗留问题怎么处理？是否需要重新清产核资？

（5）我们需要什么样的核算软件？现有的ERP软件是否能支撑供应链和人财物的核算需要？如何打通财务与业务之间的信息壁垒？如何实现财务与业务一体化？

（6）分钱账是否需要？给高管或合伙人分钱，有哪些规则与核算口径？会计利润与分钱利润是否一致？不一致是否需要另外建立一套分析的账务？如何计算出准确的分钱利润总额？

（7）管理报表体系是否形成手册？各部门高管是否都拿到了自己想要的若干张报表？是否养成看财务报表决策的习惯？企业的管理报表是否通俗易懂？

（8）会计科目是否能支持管理报表的数据核算需要？是否形成会计核算体系手册？业务单据是否需要重新梳理？单据是否体现了内控和管理思想？核算所需要的数据是否都能通过单据采集到？

（9）产品的成本核算是否准确？能否计算出每一种产品的单位成本？成本费用分摊按什么动因？是否公正？能提供哪些成本费用报表？

（10）需要建立哪些核算制度？哪些核算流程？哪些核算手册？如何保证财务部门换人不会影响数据核算的连续性？

……

上述这些问题，是建立企业的账务核算体系时必须明确的问题。如果企业已经运营一段时间了，那么账务核算体系必然已经存在，但仍需考虑账务系统如何升级和进一步完善。

账务核算系统是所有财务工作的基础，涉及内容非常多。请参考北京某企业账务核算系统建设规划方案，详见表 3-1。

表 3-1 账务核算系统建设规划方案

<table>
<tr><td colspan="2">总责任人</td><td></td><td>小组成员</td><td></td></tr>
<tr><td colspan="2">具体方案完成时间</td><td></td><td>方案落地完成时间</td><td></td></tr>
<tr><th>编号</th><th colspan="2">方案具体内容</th><th colspan="2">成果</th></tr>
<tr><td>1</td><td colspan="2">梳理公司战略发展需要，确定未来 3 年的账务核算战略定位</td><td colspan="2">《会计核算战略规划方案》</td></tr>
<tr><td>2</td><td colspan="2">根据战略与老板的要求、税负控制需求，确定会计核算方式</td><td colspan="2">《税务账与经营账设计方案》或《两账合一设计方案》</td></tr>
<tr><td>3</td><td colspan="2">访谈高管需求，设计各部门高管能看懂的经营管理报表</td><td colspan="2">《管理报表体系设计方案》</td></tr>
<tr><td>4</td><td colspan="2">升级财务信息系统</td><td colspan="2">《软件信息系统升级方案》</td></tr>
<tr><td>5</td><td colspan="2">设计分钱账核算方案</td><td colspan="2">《分钱账核算方案》</td></tr>
<tr><td>6</td><td colspan="2">根据管理需求，重新梳理会计明细科目、业务单据、核算流程</td><td colspan="2">《会计科目体系》《业务单据体系》《核算流程手册》</td></tr>
<tr><td>7</td><td colspan="2">会计核算标准化、手册化</td><td colspan="2">《会计核算手册》《财务制度手册》</td></tr>
<tr><td>8</td><td colspan="2">制定工具构成方案</td><td colspan="2">《账务核算体系工具设计方案》及相关工具</td></tr>
<tr><td>9</td><td colspan="2">制定制度、流程建设规划</td><td colspan="2">《账务核算体系制度、流程建设方案》及相关制度、流程文本</td></tr>
<tr><td>10</td><td colspan="2">……</td><td colspan="2">……</td></tr>
<tr><td colspan="2">方案设计者</td><td></td><td>落地负责人签字</td><td></td></tr>
<tr><td colspan="2">审核人签字</td><td></td><td>批准人签字</td><td></td></tr>
</table>

说明：

（1）规划方案可以用Word/Excel/Mind Manager思维导图等各种形式来展示或撰写，也可以用空白纸手写，形式不限。

（2）定人、定时、定地、定事、定方法，方案要具有实际可操作性。

从糊涂账到规范账

因为战略定位，从2012年开始，我们服务的企业客户，以年销售额在3000万元至5亿元之间的企业为主（年销售额在20亿元或以上的企业基本是由多家年营业额在5亿元以下的公司组成的），不再花大量时间服务跨国公司或大型企业了。

这一转变让我们充分认识到，中小民营企业的财务管理状态与跨国公司、国有企业或上市公司存在着很大的差距。如中小民营企业都习惯做两套账，而且糊涂账的企业占的比例非常多。尽管不少企业有财务部门、专职的会计，并且会计人员中也有注册会计师、中级会计师等层次的人才，然而企业的账务仍处于糊涂账的状态。

这是中国中小民营企业财务管理水平的发展现实，是值得很多老板掌握的问题。

1.糊涂账的原因

有一次在济南给300多位老板和财务总监讲课时，我问听课程的学员，为什么会产生糊涂账？结果现场的氛围异常火热，老板和财务总监纷纷发言：

- 财务人员能力不强；
- 财务人员责任心不强；
- 做账的人无所谓；
- 老板的要求不清晰；
- 老板对税务部门不重视，对财务不明白；
- 不是专业的人做专业的事（老板娘或亲戚做财务）；
- 老板压根就不想把账做清楚；
- 财务与业务脱节；
- 流程不规范；
- 财务人员和老板都没有经过专业训练；
- 做两套账，导致企业账目混乱、账实不符；

……

总结下来，主要是三方面的原因，工艺问题、原材料问题、执行人问题。

工艺问题。业务流程不规范；财务制度不明确；缺严谨流程和核算标准；管理者要求不严；财务与业务脱节；财务核算太粗；无法记录到某个具体人员或产品。

原材料问题。没有合适的工具（表单、软件等）；财务部对业务流程没有控制力度；业务部门缺乏财务核算意识和财务思维，与财务配合不默契，给财务部门提供的数据不完整或错误；财务部门拿不到详细数据。

执行人问题。主要涉及三类人群，分别是老板、财务人员、业务高管。

老板：不重视财务管理；不懂得给财务部门提要求；没有尝到财务管理给他带来的甜头；不舍得在财务上投入。

财务人员：财务人员没有业务思维，不关心数字背后的业务；思维固化，变化太慢，不擅长接受新生事物；不强势，气场和能力不足，镇不住业务人员；一个优秀的财务人员必须拆掉思维里的墙，必须懂业务。

业务高管：好的种子和树苗离不开良好的土壤；财务管理升级和规范，必须有一个良好的财务环境。财务治理必先解决业务高管对财务的误解或不配合，不用财务数据来经营企业的错误观念。业务高管人员没有财务思维，缺乏大财商思维（营销财务、运营财务、采购财务、生产财务、研发财务、人力资源财务等），使财务规范寸步难行。

2.糊涂账导致结果

糊涂账是企业中常见的管理现象，其导致的结果每天都在发生着。

（1）报表数据错误，致使赚多少钱不知道，有多少家底不知道，交多少税也不清楚；

（2）报表数据与实际数据不相符，给企业带来巨大风险；

（3）报表看不懂，或者总感觉报表数据跟想象中的数据不一样；

（4）每个产品、每个员工给公司贡献多少利润不清楚；

（5）成本控制失控，产品保本点算不清楚；

（6）促销成本、费用是不是过高，是不是导致企业亏损；

（7）报价没有依据；

（8）业务部门钻空子，存在腐败、舞弊可能；

（9）经营误判，决策错误；

（10）无法评估公司的价值，融资、并购、上市都存在巨大障碍；

（11）无法做绩效考核，高管分钱不均。

3.如何改变

如果把财务部门看成一家独立的公司，那么报表就是该公司的产品，财务总监就是该公司的董事长。错误的报表（看不懂的报表、不清晰的报表、不好用的报表）就是伪劣产品。

老板和财务总监必须下定决心规范企业的财务核算，用 3~6 个月的时间，并在财务顾问的推动和辅导下，实现从糊涂账到规范账的改变。其具体步骤如下：

第一步：工艺改变，建立严谨的核算流程与核算标准。

第二步：原材料改变，建立完善的工具、表单、软件、流程、制度等。

第三步：执行人改变，老板能提要求，财务有业务思维，业务人员有财务思维。

第四步：整体改变，建立一套完善的财务系统。

4.如何建立一套完善的财务管理系统

（1）梳理企业的股权架构、管理架构；

（2）梳理财务组织架构与财务人员的岗位职责分工；

（3）梳理财务核算的流程；

（4）梳理管理报表体系与分析报告体系；

（5）梳理信息化系统的全套初始化方案（明细科目体系、辅助核算、业务单据、数据归集口径、软件操作指南、授权分工）；

（6）梳理税务风险防范体系与税务筹划体系；

（7）处理历史存在的遗留问题（十大原罪）；

（8）建立资金的预测体系、安全体系、信用体系；

（9）建立成本管控体系；

（10）建立风险管理与内控流程体系；

（11）建立全面预算管理体系；

（12）建立高管对财务的经营数据分析体系；

（13）建立财务部门的情报体系；

（14）建立企业的资产管理、存货管理、收发存、物流链等体系；

（15）建立企业的投资、融资分析等内外资金运转体系；

（16）建立财务部的人才培养训练体系。

“两套账”合一

账务核算体系是企业财务管理的基石。没有账务核算，其他财务管理工作也就无从谈起。现实中，很多企业的账务核算都存在着很大的问题。比如财务界最敏感的一个问题就是“两套账”问题。

我在无数次给老板和财务人员讲课时，问："不做两套账的企业请举手！"结果举手者寥寥无几。好不容易有一个举手的，我问他是什么原因不做两套账，结果他的回答让我啼笑皆非："老师，我们不做两套账，做三套！一套给税务、一套给银行、一套给老板！给税务的账要'瘦一点'，给银行的账要'胖一点'，给老板的账要'真实一点'。"

这就是中国民企财务管理的实情，规范财务系统忽视此问题，就像隔靴搔痒、纸上谈兵。

【案例】

2019年4月份我在成都讲课时，有一个老板娘在课间休息时问我，说他们给自己公司的总经理发了600万元的年终奖，金额怎么样？发得高不高？

我听了以后，心想：就算包括平时的工作，600万元的年薪都已经算很高的了，看来这是一个格局不错的老板，也引起了我对他们企业的兴趣。

我仔细了解情况后得知，这家公司的经营业务主要销售"酸豆角""豆瓣酱"等产品，2018年销售额为4.3亿元。这个总经理已经在公司效力了六七年，是个职业经理人，在公司没有股份。春节之前领了600万元的年终奖，可是总经理并不开心，觉得老板发得少了。

董事长看出总经理不开心，让担任财务总监的老板娘去跟总经理聊聊。老板娘跟总经理聊的过程中，一开始决定给总经理再补200万元，后发觉总经理依然不满意，老板娘只好从自己的私房钱里又拿出200万元给总经理。这样一来，总经理相当于共拿了1000万元的年薪。总经理在春节之前拿到了1000万元，非常高兴，这事算过去了。

可是过完春节，正月初七开始上班的时候，总经理又不开心了，说自己是1973年出生的，干不了几年了……想要公司的股份！

……

我听到这个老板娘讲述公司分钱的事情，忍不住打断老板娘，反问她："去年公司的净利润是多少？"

因为利润是非常重要的，如果这家公司的利润有2000万元，老板娘这种分钱的方式相当于给了公司50%的净利润；如果这家公司的利润是4000万元，则相当于给总经理分了四分之一。

老板娘听了我的问题，摸了摸自己的后脑勺说："问题就在这里，我自己也不知道公司到底赚了多少钱。"

我非常吃惊！又问公司有多少财务人员，他们的水平能力如何，老板娘说一共有13位财务人员，而且其中有两个是中级会计师（一个是本地招聘的，另一个是去年从深圳打工回来的）。

我觉得很不可思议，13位财务人员都没有把这家企业的利润计算清楚。后来，老板娘提到，个人银行卡里多了2000多万元……

我们在浙江曾经做过一个调味品企业的财务咨询案，想起许多问题，比如：企业采购的辣椒、豆角等材料，用大卡车运送到工厂，连车带材料从工厂门口过磅就进去了，从来没有进行过严格的检验和检测。财务人员根本算不清楚每一瓶辣椒酱或酸豆角的成本是多少，因此整个企业的账就是一本糊涂账。

类似的企业不在少数，这只是众多案例中的一个。我在跟许多民企老板沟通后发现，很多企业的账都是“糊涂账”+“两套账”。

两套账、糊涂账给企业的融资、上市等造成了很大的障碍和不便。如果财务人员报给老板的是错误的报表，而且老板也不相信报表的数据，老板会觉得这种错误的数据没有必要进行所谓的财务分析，因为给决策提供不了什么帮助。但是如果面临挂牌上市、并购、风险投资时，提供不出一套完整、准确、合法的报表，企业将错失发展的机会。

所以，两套账的整改是民营企业的当务之急。

1.为什么建两套账

有一些支出没有发票的企业，做两套账。还有一些财务人员，压根就没有想过为什么要做两套账，仅仅因为从事财务岗位若干年来一直做两套账，以至于换了新的公司，也想当然地认为该做两套账。

在河北唐山有一家做钢材贸易的公司，年营业额有3个亿左右。这个公司的老板很年轻，是个“创二代”。因其不想变成当地的纳税大户，硬生生把一家公司拆成了3家公司，每家公司都做两套账，一共做了6套账。我仔细看了这6套账，财务异常混乱！该企业老板听过一次我的财务课之后，几乎一堂课都没再落下，课上还经常向我请教一些财务问题，慢慢地我从她口中得知之所以由她来接班，是因为她爸爸因财务问题两年前被抓进监狱了。

我们的国务院前总理曾经在国家会计学院的门口题字：诚信为本，操守为重，坚持准则，不做假账。但是现实中，做两套账已经成了普遍现象。根据我多年的经验发现，被税务局查处的企业、老板和财务人员，大多数都是因为偷税、漏税、做“两套账”被攻破。

因此，各位老板不得不去思考一个问题，是要生命安全还是要财富积累？

2.是否需要两套账

大多数企业在初创阶段，基本上会注册成个体工商户，这种核定征收的形式已经把企业的税务负担降低了。

随着企业的发展，老板赚到了第一桶金，甚至赚够了养老钱，这时候就要考虑个人及财富安全问题了。

有些企业的客户是终端消费者，因为不需要发票，所以企业做两套账的动机、空间还比较大。有些企业的客户不是终端消费者，而是中间公司，是必须要提供增值税专用发票或普通发票的，这种企业做两套账的空间极小。特别是上游必给发票、下游必要发票的企业，已经没有做两套账的太大意义。

互联网的发展，也给企业的记账带来了新的挑战。未来，“互联网+税务局”会导致企业所有的资金流水都通过网络的形式与银行结算，税务局与银行联网，每一笔流水，税务局都有记录，如果这个时候还想做两套账，几乎是不可能的。

老板和财务人员冒着巨大风险，睡不香、吃不好、提心吊胆、度日如年，这是我们创业者所希望的吗？顺势者昌，逆势者亡。与其等到那个时候伤痕累累，不如从现在就开始整改。

3.两账合一，势在必行

我给各位企业家的建议是：最好把“两套账”，在企业的经营过程中逐步过渡到“一套账”。

大公司一般不会做两套账。规范是企业做大做强的必然选择，两套账从某种程度上说等于赌博，想不留痕迹地做出两套账几乎不可能。而做两套账极易导致企业的存货和货币资金严重账实不符，又给税务稽查留下了明显痕迹，所以我强烈建议各位企业家把两套账过渡成一套账。

之前讲公司形态的时候，我提到过可以通过无限责任的企业形态来规避部分税收，如果企业非做两套账不可，我建议老板把一家公司直接拆分成两家公司，两家公司各做一套账，合在一起就是一套完完整整的账务数据。

从逻辑上讲，如果要做一个三斤重的蛋糕，假如正常配方是一斤面、一斤蛋和一斤糖。那么现在要做一个一斤半重的蛋糕，配料变成一斤面和半斤糖，出来的是一斤半重的蛋糕吗？这显然是行不通的。可是很多企业在做两套账的过程中，做出来的就是这个效果。

如何把两套账合并成一套账呢？

第一，注重两账合一的时间选择。可以选择在第三季度开始做；选择某一个月末为清产核资日，如6月30日、9月30日；到年末资产负债表日调整完毕，两账合一完成；两账合一过程采取了一些非规范的方法，是不能经过IPO审计的，因此，两账合一的年度，通常不能作为报告期。

第二，对企业进行清产核资。查清楚企业的资产、负债、所有者权益的实际情况，将其和内账数据进行比较，有差异直接调整内账。按道理，内账是反映企业真实情况的，但是由于多种原因，企业的内账也是混乱的，也有很多差错，因此要通过清产核资，把内账调整正确。

第三，根据清产核资的结果，直接调整内账，差异倒挤到“未分配利润”。内账的调整没有忌讳，以差异表做附件直接调。

第四，清产核资日之后内外账不再发生新的差异。有差异都是清产核资日之前的，若有新的差异，那么差异就会没完没了，永不了结，两账合一也就失去了意义，只能以失败告终。（清产核资日之后，企业不可以再进行凭证的“复印”“减少”“增加”，但是必要时可以“变换”，“变换”也应尽量少，不要滥用。因为“变换”通常是费用，不影响资产负债表）

第五，清产核资日之后，内外账并行到年末。此时，内外账已经一致。（实际上“应交税费”和“未分配利润”还是有差异的，无妨。因为应交税费是永久性差异，企业只是在报告期规范纳税，此前的税是无法计算清楚的，也不应该补交，“应交税费”有问题，当然“未分配利润”也就不准确）

第六，对经调整的外账的年末数，重新初始化，作为报告期第一年度的期初数，重启新的账套，新的账套就是以后企业的账套，原来的账套停止。

账务核算“铁三角”

有些财务人员拿到财务软件以后，第一步是做初始化，然后传输原始数据，接着开始做会计凭证，做完凭证开始记账，最后输出报表。这是众多财务人员一般使用的流程。看似正常，其实是有问题的。

企业为什么要记账？为谁记账？记账之后呢？出报表？出报表给谁看？财务出的报表是老板需要的吗？

如何整改和完善账务核算系统？在多年的财务咨询工作中，我们总结了一个“铁三角”模型，也就是企业在建立账务核算体系的时候要遵循的“账务核算铁三角”模型，见图 3-1。

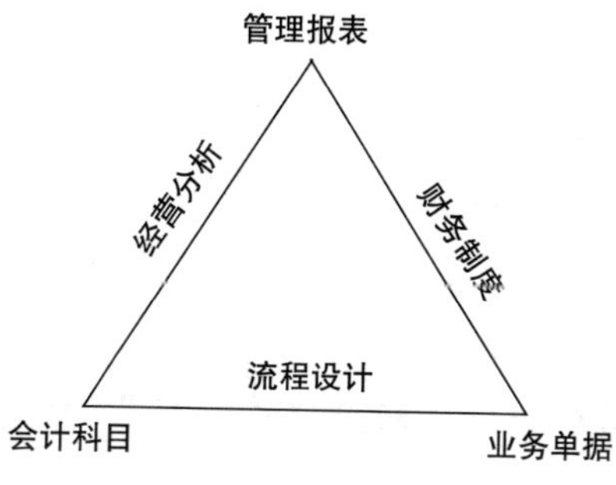

图 3–1 财务核算铁三角模型

第一个角是管理报表。设计管理报表的时候，要了解管理层想要看到哪些数据，做哪些考核，分析哪些指标；同时还要了解所有业务部门、采购部门、生产部门、销售部门、人力资源部门的需求。要与管理层充分沟通，然后根据这些管理层的需求，设计相应的若干张管理报表，并征求他们的意见，是不是他们希望的格式和内容，如果不是再重新修改或增删，如果是则定稿。

第二个角是会计科目。获取管理层的数据需求和管理报表以后，对需求和管理报表进行评估，看看哪些数据是账上能体现的，哪些是体现不出来的。然后重新梳理会计明细科目，如果数据是原来会计明细科目没有涉及的，就需要重新设计会计科目。如果核算得不够细致，就要对会计科目进行明细化。比如销售收入，以前只会记在某个产品的下面，现在不但要记录产品，还要记录是哪个业务员卖的、哪个客户买的、是直销的还是代理的、是线上销售还是线下销售等口径。这样在进行账务核算的时候，一方面可以通过ERP业务软件实现，另一方面也可以通过会计科目核算来实现。最后形成《会计科目体系手册》。

第三个角是业务单据。单据是数据的采集器，如果所有的业务数据都能够采集到，就不用修改业务单据；如果有些数据采集不到，那么就要修改业务单据，好让业务人员在操作过程中填相应数据。

为了能够有效地运转此“铁三角”，还要完善以下三个方面，分别是：核算流程设计、经营数据分析和财务制度建设。这三个构成三角模型的三条线。

总而言之，“铁三角”的起点是管理报表。根据管理需求设计管理报表，根据管理报表设计会计科目，然后根据会计科目的需要修改业务单据，保证业务单据能够产生数据，这时再来重新梳理再造核算流程，最后形成企业的财务制度，在拿到数据的同时还要进行相应的经营分析。

【案例】

通过对某机械设备公司现行会计科目的查看，我们和公司老板及财务负责人一起进行了分析，总结出以下几个方面的问题。

（1）主要科目设置不完善，没有合理利用辅助核算功能。

（2）科目设置是随意性的，需要一个就加一个，甚至重复。

（3）三大费用明细科目无序，随意排列，没有规律可循，没有辅助核算，没有考虑经费预算管理的需要。

（4）许多属于职工薪酬的成本费用没有通过应付职工薪酬科目进行核算归集。

（5）明细科目名称不够规范，没有根据管理需要设置相应的明细科目。

总之，该企业现行的会计科目设置根本达不到会计核算工作的基本要求。

表 3-2 某机械设备有限公司现行的部分科目设置情况

科目代码	科目名称	辅助核算	科目代码	科目名称	辅助核算
1122	应收账款	客户	2202	应付账款	供应商
1221	其他应收款		2211	应付职工薪酬	
122101	社保		221101	工资	
122102	投标保证金		2231	应付利息	
122103	个人		2232	应付股利	
12210301	孙某某		2241	其他应付款	
12210302	王某某		224105	吕某某	
12210308	振民百货		224150	单位	
122104	服务费		22415003	工会经费	
122105	住房公积金				
122106	应收出口退税款		6602	管理费用	
5101	制造费用		660201	工资薪金	
510101	工资薪金		660202	福利费	
510102	福利费		660203	教育经费	
510103	折旧费		660204	折旧费	
510104	水电费		660205	差旅费	
510105	机物料消耗		660206	办公费	
510106	修理费		660207	运杂费	
510107	取暖费		660208	低耗品摊销	
510108	运输费		660209	工会经费	
510109	研发试验费		660210	无形资产摊销	
510110	办公费		660211	邮寄费	
510111	差旅费		660212	会议费	
510112	电话费		660213	水电费	

（续表）

科目代码	科目名称	辅助核算	科目代码	科目名称	辅助核算
510113	社会保险费		660214	物料消耗	
510114	邮寄费		660215	取暖费	
510115	外部加工费		660216	电话费	
510116	其他费用		660217	社会保险费	
6601	销售费用		660218	住房公积金	
660101	工资薪金		660219	交通费	
660102	福利费		660220	业务招待费	
660103	差旅费		660221	汽车费支出	
660104	广告宣传费		660222	费用性税金	
660105	业务费		660223	研究开发费	
660106	运输费		660224	服务费	
660107	交通费		660225	通讯费	
660108	办公费		660226	印刷费	
660110	电话费		660227	咨询费	
660112	邮寄费		660228	招聘费	
660114	社会保险费		660229	诉讼费	
660115	修理费		660230	修理费	
660116	通讯费		660231	其他费用	

综合以上情况，结合企业行业特点和公司经营管理需要，从建立和完善公司账务核算系统的角度出发，财务咨询项目小组提出了科目设置的几个原则：

- 以符合《企业会计准则》为原则——合法性；
- 以符合政府企业信息需要为原则——相关性；
- 以符合企业内控管理需要为原则——实用性；

- 以全面反映会计核算对象为原则——全面性；
- 以科目名称简单明了易懂为原则——简要性；
- 以相对固化会计科目体系为原则——稳定性；
- 核算口径一致性和可比性为原则——统一性；
- 以管理的重要性设定科目明细度——重要性。

在账务核算系统建设中，设置科学完善的会计科目直接关系到财务系统建设的成败。

为此，公司老板、老板娘、财务负责人及主管会计等与我们财务咨询小组全程参与了讨论会计科目设置的过程。讨论内容具体如下：

（1）为了提高效率，事先准备了一套会计科目体系模板。

（2）结合《会计准则》、财税政策、行业和企业特点，对一级科目进行增减。

（3）根据公司经营业务范围和实际需要，从资产的取得及其增减变化、负债的形成与偿还、资本的投入与增减变动到材料物资采购、生产投入与资金耗费、成本费用的发生、资金的收回及利润的形成和分配等过程进行业务分类，逐一设置明细科目。

（4）对计划启用的业务模块，如存货、生产成本、固定资产、应收账款和预收账款、应付账款和预付账款等业务，只设置一级科目，在科目属性中选择好受控系统即可。

（5）对只通过总账进行明细核算的应付职工薪酬、应交税费等几个常用往来科目需要归集的核算内容进行反复讨论，设置相应的明细科目，其他应收款和其他应付款均按往来单位进行辅助明细核算。

（6）对制造费用、销售费用、管理费用这三个在日常生产和运营管理过程中常发生成本费用的科目，反复分析其共同特点和差异性，并对不同的费用进行分类。按费用特性分为职工薪酬类、办公管理费用类、非付现费用类、特定费用类四大类费用。其中，前三类是三大费用都会涉及的，其明细科目均统一地排序，并按职工薪酬类、办公管理费用类、特定费用类、非付现费用类的顺序排列。对共性的明细科目按照相同的名称和相同的明细编码设置，以充分体现科目设置的规律和有序。同时对三大费用各明细科目设置部门辅助核算，以满足内控和成本核算的需要；考虑企业未来筹建新厂的需要，参照管理费用明细科目在长期待摊费用科目中设置开办费的相应明细科目。

（7）对其他各行业都需用且必须设置明细科目的，根据会计科目的设置原则均设置规范、统一的明细科目。

讨论过程中，大家都踊跃发言，反映了很多业务流程和管理中的实际问题，让人获益匪浅。

按照这种工作流程，通过大家的共同努力，利用近半天的时间，完成了该公司第一稿《会计科目体系》的设置。

在随后的几天，咨询小组对科目体系中各明细科目的完整性、科目名称、科目代码、科目的排序等细节进行了反复修订，最终提交给企业一份较完善的会计科目体系，为该项目的财务系统建设迈出了成功的一步。

会议结束时，老板感慨地说："做企业这么些年，还是第一次坐下来和大家一起讨论会计科目，没想到会计科目中反映出这么多的管理学问，科目设置梳理的过程也对管理思路进行了一次梳理，受益很大呀！"

管理报表体系

什么是财务报表？财务报表就是导航仪、指南针，是行军地图，也是考试成绩单。

1.财务报表体系

财务报表体系包括对内报表、对外报表两大类。

对内报表：是提供给老板、高管和股东的。主要用于经营管理，没有统一的标准格式，符合老板的喜好就是格式标准。对内报表包括用于管理决策的无数张报表，比如工资排行榜、业绩排行榜、客户明细表、存货、成本明细表、产品毛利分析表、top20供应商明细表……一个营业额在1000万元以上的企业，对内报表不会少于10张。

对外报表：主要是给税务、银行、工商提供。用于国家数据统计或政府收税、银行贷款融资等，所以必须用财政部统一的标准格式，比如《资产负债表》《利润表》《现金流量表》。当然，管理层也需要知道财务人员报送出去的数据，要关心报送给税务部门的报表是否存在风险，所以对外报表有时也会用来对内部人员。

目前许多民营企业的财务人员给老板报送的报表非常少，有的企业只报送三张对外的报表，即所谓的三大报表——《资产负债表》《利润表》《现金流量表》，除此之外对内的报表非常少甚至没有。

我们这里谈的“管理报表”，主要是指对内报表，也就是用于指导生产经营管理需要的报表，给老板和管理层用于决策支持的报表。

2. 管理报表体系存在的问题

我们在全国各地给老板讲财务课程，以及进驻民营企业做财务咨询的过程中，发现企业在管理报表的应用方面存在极大的问题。

（1）数据不准确。这导致老板不看报表，没有养成看管理报表做决策的习惯。

（2）报表数量太少。财务人员给老板和管理层提供的报表数量少得可怜，绝大多数企业的财务报表少于 10 张。报得最多的就是会计准则上要求的三大报表。

（3）不知道提供什么报表。财务人员不关心业务、不参与业务，所以除了三大报表之外还应该给管理者提供哪些报表，财务人员自己也不知道。

（4）管理层不会提要求。管理层不懂财务，不知道怎么给财务人员提要求，没有财务思维，不懂得把业务语言转化成财务语言，跟财务说不清楚自己需要什么报表。

（5）报表过于专业。看不懂的报表就是没有用的报表，报表满篇都是专业术语，财务人员自己都看不懂，非财务人员就更看不懂了。

（6）不注意报表编制细节。单位不用万元，数字不加分节号，数字不靠右对齐，页数太多，数据堆砌累赘，等等。

报表是财务部的产品，提供的产品有没有“魂”？能不能给管理者带来帮助？假如不能带来帮助，不做也罢！

3.管理报表体系组成方案

管理报表涉及企业的方方面面，到底需要编制哪些管理报表，取决于企业的规模和管理的要求。

比如，管理者想要分析销售收入是怎么产生的，怎么能够使收入再增长，这需要我们从各种角度、各种维度分析销售收入了。为了分析销售收入的构成和增长空间，就需要一系列与销售收入相关的报表。比如：销售收入的产品结构分析表（其中卖软件收入、实施服务费收入、提供咨询收入、培训业务收入等各自金额和占比）；不同地区的销售收入分析表（按销售区域）；不同分、子公司的销售收入分析表（按分、子公司分析）；不同业务员的销售收入分析表（按员工分析并排名）……

这里销售收入是“分析对象”，产品、地区、子公司、业务员等都是“分析角度”。所以我们管理报表可以从“分析对象”和“分析角度”两个维度切割，衍生出无数张管理报表。

分析对象：主要是宽度，横向方面包括资产、负债、所有者权益、收入、成本、费用、利润、现金流、价值等。

分析角度：主要是深度，纵向方面包括集团、公司、部门、员工、项目、产品、时间、区域、客户、供应商、预算、其他要素等。

4.管理报表设计几个原则

（1）需求清楚、层次清楚，使用人明确。

（2）越简单越好。

（3）应需而做：日报、周报、旬报、月报、季报、年报。

（4）直接指向企业的目标——盈利。

（5）不仅有现状、数据，还要有问题、结论、措施、分析和控制。

（6）横向到边、精确到点、深度控制（按科目级次）；纵向到底、全面覆盖、宽度控制（六要素人、事、物）。

（7）更直观：表格、文字、图形。

（8）证、账、表，三步软件系统流程化自动生成。

5.管理报表体系设计

企业的财务总监或财务经理，需要根据自己企业和行业特点，结合经营业务，设计一系列的管理报表，再将这些报表提交给老板和业务部门的负责人，讲清楚每一张报表能反映出什么问题，以及怎么结合这些报表分析具体的经营行为，哪些事不能做，哪些事情可以做，做了会导致报表的哪些数据产生变化。

然后，让老板和业务高管勾选出对他们有帮助的部分报表，并确定报送周期（周报、月报、季报等）和报送形式（电子邮件、打印纸质、微信、OA系统等）。

财务总监根据高管们所选的报表，制定《管理报表目录》（见表3-3），安排专人在规定的时间内，给相应的人员报送相应的管理报表。一段时间后，如3个月或半年，再次与业务高管沟通是否需要更新或替换掉一些报表。

表3-3 某公司财务管理报表目录

序号	报表类别	报表名称	报送对象	报送时间	编制人	审核人	报表形式
1							
2							
3							
4							
5							
6							
7							
8							
9							
10							
11							
……							
29							
30							

【案例】

某上市公司报表名称汇总及编制周期表，如表3-4所示。

表 3–4 某上市公司的报表名称汇总及编制周期表

序	报表名称	编号	编报期		
	主表				
1	资产负债表	01 表	月报	中报	年报
2	利润表	02 表	月报	中报	年报
3	现金流量表	03 表			年报
4	所有者权益变动表	04 表			年报
	费用表				
5	管理费用明细表	05 表	月报	中报	年报
6	行政部费用明细表		月报	中报	年报
7	人事部费用明细表		月报	中报	年报
8	财务部费用明细表		月报	中报	年报
9	审计部费用明细表		月报	中报	年报
10	采购部费用明细表		月报	中报	年报
11	销售费用明细表	06 表	月报	中报	年报
12	销售部费用明细表		月报	中报	年报
13	市场部费用明细表		月报	中报	年报
14	办事处费用明细表		月报	中报	年报
15	财务费用明细表	07 表	月报	中报	年报
16	营业外收支明细表	07 表	月报	中报	年报
	管理表				
17	货币资金库存明细表	08 表	月报	中报	年报
18	存款及存折复印粘贴表	09 表	月报	中报	年报
19	银行存款余额调节表	10 表	月报	中报	年报
20	应收票据明细表	11 表	月报	中报	年报
21	应收账款明细表	12 表	月报	中报	年报

（续表）

序	报表名称	编号	编报期		
22	其他应收款明细表	13表	月报	中报	年报
23	存货收发存明细表	14表	月报	中报	年报
24	存货货龄分析明细表	15表	月报	中报	年报
25	存货盘点表	16表	月报	中报	年报
26	应付账款明细表	17表	月报	中报	年报
27	应交增值税明细表	18表	月报	中报	年报
28	待摊费用明细表	19表		中报	年报
29	待处理流动资产明细表	20表		中报	年报
30	固定资产及累计折旧增减明细表	21表		中报	年报
31	其他应交款明细表	22表		中报	年报
32	其他应付款明细表	23表		中报	年报
33	预提费用明细表	24表		中报	年报
	成本表				
34	生产成本汇总表	25表	月报	中报	年报
35	生产成本明细表	26表	月报	中报	年报
36	制造费用明细表	X表	月报	中报	年报
37	生产部费用明细表		月报	中报	年报
38	质检部费用明细表		月报	中报	年报
39	开发部费用明细表		月报	中报	年报
40	X车间费用		月报	中报	年报
	审计表				
41					

【案例】

某有限公司财务报表目录，如表3-5所示。

表 3-5 某有限公司财务报表目录

系统分类	名称	报送对象	报送时间	编制人
一、传统财务报表	1.资产负债表		次月5日	
	2.利润表 3.比较利润表		次月5日	
	4.现金流量表 5.比较现金流量表		次月5日	
二、费用管理类报表	6.管理费用表 7.比较管理费用表		次月5日	
	8.销售费用表 9.比较销售费用表		次月5日	
	10.制造费用表 11.比较制造费用表		次月5日	
	12.财务费用表 13.比较财务费用表		次月5日	
	14.可控费用明细统计表	各位高管	次月5日	
三、销售管理类报表	15.销售、回款及费用同期比较分析	各高管层	次月2日	
四、往来款管理类报表	16.销售、回款及费用同期比率分析		次月5日	
	17.销售计划完成情况分析		次月5日	
五、货币资金分析类报表	18.应收账款分析表 19.应收账款余额表		次月5日	
六、成本利润分析报表	20.应付账款分析		次月5日	
	21.销售收入综合分析		次月5日	
七、存货分析类报表	22.货币资金各月余额反映表			
	23.生产成本综合分析表			

（续表）

系统分类	名称	报送对象	报送时间	编制人
八、综合财务分析类报表	24.生产成本及利润对比分析表		次月5日	
九、预算管理类报表	25.原材料价格比较表 26.预算执行情况表	高层及相关部门经理	次月8日	
十、文字分析	27.存货周转分析 28.财务分析报告	高管层	次月2日	

分钱账设计

什么是分钱账？就是用于高管分红目的的账。分钱账本身不是单独的一套账，而是在会计账的基础上进行调整、计算得出的一账多表。分钱账中的利润总额没有绝对标准，由股东与合伙人相互协商确定。

1.分钱账的计算步骤

（1）确定分钱账的核算标准和口径。例如：没有收到款的销售算不算收入。

（2）确定分钱账与会计账在收入、成本确认方面的差异汇总。

（3）每月逐项调整分钱账与会计账差异，将会计账的《利润表》调整成为分钱账的《利润表》。

2.分钱账的辅助记录要求

第一，对于能够从账面确认的差异，例如未收款的销售，不需要辅助记录，按月账面汇总差异。

例如：分钱账收入=会计账账面收入-本月未收款销售+以前销售本期收款。

第二，不能从会计账面确认的差异，需要财务人员逐笔辅助记录进行汇总，记录信息需要完整、清晰。

例如：公司列支了一笔老板其他公司的费用，该笔费用记录在会计账账面，但分钱账标准不能扣除。则财务人员应逐笔辅助记录该类为其他公司个人承担的费用和因各种原因未记入公司账面的财务费用。

3.分钱账的案例

下面是我们在给企业做财务咨询时为企业分红而做的一份《内部经营报告》，见表3-6。摘录部分内容，仅供参考。

一、2018年度、2019年度内部经营利润表结果

表3-6 2018年度、2019年度内部经营利润表

项目	2018年度	2019年度
一、主营业务收入	16,095.52	20,900.05
减：主营业务成本	9,133.04	12,393.56
销售费用	2,263.66	2,716.87
主营业务税金及附加	13.25	118.83

（续表）

项目	2018 年度	2019 年度
二、主营业务利润	4,685.58	5,670.79
加：其他业务利润	12.61	13.10
减：管理费用	1,251.52	1,320.67
研发费用	237.03	339.84
三、营业利润	3,209.64	4,023.38
加：营业外收支	0.91	28.22
四、息税前利润（EBIT）	3,210.56	4,051.60
减：利息及担保费用	274.06	339.45
五、税前利润	2,936.50	3,712.15
减：所得税费用	292.07	418.04
六、息税后净利润	2,644.43	3,294.11

二、内部经营结果核算口径及标准

1.收入计量确认原则：收入按本期实际发货不含税收入确认。即以本期账面收入为基础，调整增加本期发货未开票收入，调整减少以前年度发货本期开票收入。

2.成本（主营业务成本）计量确认原则：成本按本期实际发货成本确认。即以本期账面销售成本为基础，调整增加本期发货未开票成本，调整减少以前年度发货本期开票成本。调整本期工人及生产管理人员的实际发放年终奖金与账面预提奖金的差额。

3.期间费用确认原则：期间费用按权责发生制原则确认。即以本期账面期间费用为基础，调整增加关联公司代为支付的期间费用。

4.成本、费用互转调整：因对外报表需要，账面记录成本、费用与实际成本、费用存在一定差异，内部经营报告对此进行了调整。

5.总分公司内部销售进行抵消。即总公司销售给分公司的产品，总公司确认一次收入，分公司销售给客户后又确认一次收入，两次收入只确认销售给客户的收入，成本亦然。

……

14.不考虑集团内部各关联公司自有资金相互占用可能产生的利息收入及利息费用。

15.流转税中的城市建设税及教育费附加按实际外部报表应缴纳金额确认，所得税费用按汇算清缴实际缴纳金额确认。

……

三、账面金额与内部经营结果差异调整

（一）收入项目调整

按上述内部经营结果核算口径将账面收入调整为内部经营报表收入，具体调整过程及金额如表 3-7 所示。

表 3-7 收入项目调整过程及金额

（单位：万元）

项目	2018 年度	2019 年度
会计账面收入	17,717.07	22,481.25
加：本期发货未开票收入	2,645.64	2,988.14
自营工程差价收入	82.16	555.30
减：前期发货本期开票收入	−2,107.68	−2,532.72
代购货业务收入	−501.48	−243.17
OEM 收入	−97.86	−261.01
总分公司内部交易收入	−1,341.81	−1,618.17
原材料及低值易耗收入	−263.28	−405.23
非正常发货（免费样漆等）	−37.24	−64.34
内部经营报表收入	16,095.52	20,900.05

（二）成本（主营业务成本）项目调整

成本项目包含材料成本、人工成本及制造费用三大项目，按上述内部经营结果核算口径将账面成本调整为内部经营报表成本，具体调整过程及金额如表 3-8 所示。

表 3-8　成本（主营业务成本）项目调整过程及金额

（单位：万元）

项目	2018 年度	2019 年度
账面成本	10,968.14	15,290.74
加：本期发货未开票成本	1,508.63	1,779.17
关联公司代付生产人员工资成本	85.15	60.77
其他渠道发放工资	0.00	14.25
其他渠道发放年终奖	34.32	51.07
转入研发费成本（成本、费用互转项目）	77.97	79.63
代关联公司支付成本项目	285.47	810.41
减：本期开票前期发货成本	−1,052.42	−1,528.84
代购货成本	−478.29	−246.30
OEM 成本	−103.18	−247.99
总分公司内部交易成本	−1,341.81	−1,618.17
原材料及低值易耗发货成本	−255.25	−376.83
非常发货成本（免费样漆等）	−24.75	−53.53
内部经营报表成本	9,703.98	14,014.38

财务信息化

1.账套的设计与管控

不考虑税务问题的前提下，企业到底要建立多少套账？如何确定会计主体？具体的操作过程是否可以通过股权、公司拆分等形式来实现？

【案例】

我曾经担任贵州一家医药企业的财务顾问，这家企业的老板告诉我说他们有十几套账。我真正接手以后发现，其实有 34 套账，这样一来，财务人员的工作量变得非常大，并且我发现这些财务人员的电脑操作水平非常一般，难怪这家企业做不好财务管理。

这个老板解释说，他的公司有 16 个部门，每个部门都独立核算利润，然后把利润的 5% 或 10% 给部门经理分红，建立这么多套账，就是为了算清楚如何给每个部门的负责人分红。

后来，我在给这家公司设计账务核算体系时告诉这些财务人员，如果能够把金蝶或用友这样的软件用好，就不用建这么多套账了，无论是有分公司还是子公司，一套账就能解决问题。特别是这种集团类型的公司，在全国各地都有分公司或子公司，用好财务软件就能在集团的总部看到每一家公司的财务数据，尤其是现在的很多软件都有跨账套取数的功能。

一个公司做多少套账，并不取决于有多少个利润核算中心，只要在账套设计的过程中把集团管控的需求考虑进去即可。

2.信息化可以减轻工作量

我给企业做财务咨询的时候，发现很多企业的信息化非常弱，要么就是企业的财务软件落后，要么就是软件很先进但人员使用不当。

有些企业的财务人员不但用不好财务软件、ERP软件，甚至连电子表格的技术也非常弱。

【案例】

有一次，我去深圳一家做安全门的企业上财务管理课，这家企业的年营业额有好几个亿，老板是一个50多岁的中年女性。上完课，女老板请我去她的企业看看，我来到财务部的办公室，对宽敞的办公场地和豪华的办公环境非常赞叹。但是，办公室的地板上堆满了业务单据，有两个财务人员为了核算业务数据，在满地的业务单据中挑来挑去。我感到非常惊讶，我去过全国这么多家企业，参观过很多财务办公室，还是第一次看到财务人员在单据中挑来挑去做财务的。于是我建议这个老板先把其他的事情放一放，专心解决办公室地面上堆满单据的事情。

我花了20分钟用Excel给财务人员设计了一个模型，有了这个模型，原来两个人做一天的事情，现在一个人做20分钟就够了。这样，成功节省了一个人的劳动力，另一个人去做管理会计的工作。

这个案例说明了利用信息化手段可以减轻工作量。有些时候，利用不好财务管理软件，就不能很好地实现老板的需求。

3.ERP软件的选择

财务软件的品牌有很多，国内的有金蝶和用友，国外的有SAP和Oracle甲骨文，不同行业可能还有针对该行业的财务软件，比如服装行业、商场超市、房地产行业，甚至还有专门为汽车驾驶培训学校研发的软件。金蝶、用友、管家婆和速达是比较常见和通用的品牌。总的来说，用软件总比不用要好。

有些企业还有一种情况，就是业务和财务脱节，业务是业务，财务是财务；还有些企业只用了一个总账报表模块，或者除了总账报表之外只用了一个应收应付模块，那些物流、供应链、成本、预算等模块都没有用好，这也是很多企业在账务核算过程中遇到的问题。

以前企业要使用财务软件的时候，直接找软件公司采购，这个过程中有一个角色缺位了。就像一个人想要盖一所房子，应该先找设计院帮忙画图纸，设计完毕之后才施工，施工的时候还要有一家监理公司对施工过程进行监督。

我现在更多的是在信息化实现过程中充当设计员（原来是设计院）和监理公司的角色，帮助企业设计软件，满足企业需求，然后再由软件公司开发。如果由软件公司直接施工并且自己监理，这样的软件可能达不到企业账务核算体系的要求。

4.ERP上线的流程

企业上财务软件的时候，不要直接按照软件的要求初始化，首先应该按照软件的逻辑和思路对业务流程进行再造，并且设计相应的制度体系，然后形成表单。这样执行一段时间，让大家慢慢习惯，用3个月到半年的时间来评估执行情况。当企业开始完全按照这种方式执行的时候，再开始上软件。上了软件应该先并轨运行一段时间，数据、检测等都没有问题的时候，再把人工的部分去掉，完全用软件来代替人工。

很多企业在执行的过程中漏掉了前边的设计环节和按照软件逻辑对流程再造的环节，仓促地推进软件的使用，最后就变成了柳传志先生曾经说过的一句话："不上ERP等死，上ERP找死。"

【案例】

湖北某汽车零配件制造有限公司是一家以汽车零部件研发、制造和销售为主体的集团化公司，是国内外知名的生产汽车零部件的专业化生产企业，主要生产调温器、温度传感器、ABS传感器、刹车片等汽车零部件。

客户的痛点

（1）客户企业库存种类多，产成品、半成品、原材料多达上千种，公司3个大仓库，配备库管6名。公司没有建立完善的物料编码制度和流程，导致公司存在大量"一物多码"的情况，即同一个东西可能在K/3系统中有多个名字，导致公司存货数据不准确，经常出现该采购的没有及时采购，不该采购的采购过多，导致库存积压。

（2）公司内部流程前期没有固化，后期上完K/3系统，直接套用软件流程。实际情况是，系统标准流程和企业实际流程出入较大，有些本来简单的流程变复杂，而原本需要多级审批的流程在系统中则过于简单，导致存在监管失控、某些采购人员职业舞弊，出现采购原材料质量不达标的情况。

（3）内部流程没有固化，没有考核，导致信息输入不及时，财务及库存数据统计不及时、不准确，没能为各业务部门决策提供准确数据支撑；各部门信息孤岛的情况并没有因为上线ERP系统解决，反而更加严重。

（4）公司内部管理报表主要依赖于软件系统，而软件系统的报表较单一，无法满足老板及各业务部门负责人的管理需求。

经过和该公司老板仔细沟通企业未来的发展方向及管理要求，以及和ERP系统负责人、企业各部门软件公司实施人员反复调研和沟通，发现该企业存在的问题并不能简单地“头痛医头、脚痛医脚”，而是需要系统化的思考，才能真正解决病根。经过对企业内部流程进行重新梳理及固化，软件二次实施上线后，最终解决了以上问题。

解决方案

（1）重新对企业进行流程设计，包含销售接单、生产指令下发、采购申请、采购质检、采购入库、生产领料、产成品质检、产成品入库、公司内部调拨等流程。并在无系统软件的情况下试运行一个月保证通畅，然后固化在金蝶软件中，其中因为流程和软件标准流程有出入，做了少量二次开发。

（2）针对公司存在“一物多码”的情况，通过集中管理，对基础数据进行规范管理。后期对物料维护权限进行设定，并制定了完善的物料编码原则，对仓库进行了重新划分。杜绝库管员在不清楚该物料在系统中是否存在就随意新增物料的情况，而且实现整个企业所有员工都可以根据物料编码在对应的仓库中找到对应的物料。

(3)建立内部信息录入及审核制度流程，要求企业当天的出入库单据必须在当天下班之前审核完成，紧急情况下必须通过系统审批流程发送信息至下一级审核人手机上，进行远程审批及特殊情况下的代签；信息录入、审核及时与准确性和对应责任人绩效工资挂钩。

(4)和老板及各部门负责人沟通，了解他们的管理要求，针对不同人员设计出30多张企业个性化的管理报表，80%的报表依托软件完成，剩余20%的报表需要财务人员从系统中导出原始数据，并二次加工数据透视做出不同部门负责人的“管理驾驶舱”。

价值收益

(1)解决客户信息化孤岛问题，各部门之间不再互相抱怨，查询数据及时，不需要经常跑财务看数据，大大缩减财务部工作量，实现销售驱动的采购、生产模式，提升供应链运作效率。

(2)库存数据及时准确并责任到人，存货金额从以前的平均1200万元/月，降低至700万元/月，大大提高存货周转率，降低企业的资金占用。

(3)企业高管数据化管理，报表查询简单易懂并可以多维度分析，解决以往凭经验、凭感觉做决策的问题，大幅度提高无纸化办公水平，公司办公费用相对以前降低50%。

(4)内部流程清晰，流程节点明确，考核制度完善，落实岗位职责。不存在以往出现问题找不到责任人或负责人太多等问题。

|第四章|

C A I W U D E L I L I A N G

税务管理体系

4

税务管理系统建设规划方案

民营企业家之间流传着这样一句话：税是民营企业家的死穴。无论什么行业的中小企业都要交税，很多企业家对税务管理非常头疼，觉得税务管理过于复杂，绞尽脑汁也想不明白是怎么回事。

纳税是企业的法定义务，也是企业最重要的一项义务和责任。为了更好、更安全地经营企业，企业家应当具备最基本的税务知识及企业税务管理系统建设能力。

我国税法环境有其独特性，因此宏观了解中国整体税法环境有助于企业家整体评估企业所处纳税环境，进而有助于确定企业的税务战略。

1.激进还是保守

企业可选择的税务战略有三种，分别为激进战略、保守战略和中间战略。当然这三种战略并不包含诸如两套账、买卖发票等严重恶意偷税的情况。

激进策略：采取的是一种进攻姿态，积极利用一切减少税款和延期纳税的机会来增加利润。风险性较大，并可能会因此受到税务处罚。一般初创公司会选用激进战略，因为降低税负是企业获得成本领先市场竞争力的一种手段。

保守策略：相对来说，该策略更加注重税务风险，风险较小，但有可能会因此缴纳了税企之间还有争议的税款，增加税务成本。一般风险敏感性高的公司选用，例如上市公司。但在中国税法环境下，即便选择这种战略，我们也无法 100% 保证公司没有税务风险。换句话说，中国特有的税法环境决定了我们无法达到税务零风险。

中间战略：根据不同的纳税事项、纳税主体选择不同的税务策略。如在增值税方面比较保守，其他税种方面稍微激进。由于风险可控，此战略被大多数公司采用。

2. 税系统规划方案

企业用什么战略？怎样应对税务风险？怎么处理企业的税负，如何税务筹划？如何应付税务部门的检查？这是老板和财务总监必须明确的问题。

税务管理体系中，我分了四个小系统，分别是纳税申报系统、风险防范系统、税务筹划系统和稽查应对系统。下面是湖北某企业的税务管理系统建设方案，可供参考使用。

表 4–1 湖北某企业的税务管理系统建设方案

<table>
<tr><td colspan="2">总责任人</td><td></td><td>小组成员</td><td></td></tr>
<tr><td colspan="2">具体方案
完成时间</td><td></td><td>方案落地
完成时间</td><td></td></tr>
<tr><th>编号</th><th colspan="2">方案具体内容</th><th colspan="2">成果</th></tr>
<tr><td>1</td><td colspan="2">梳理公司战略发展需要，明确未来 3 年的账务核算战略定位</td><td colspan="2">《税务战略定位规范方案》</td></tr>
<tr><td>2</td><td colspan="2">根据战略与老板的要求、税负控制需求，确定会计核算方式</td><td colspan="2">《上缴税费汇总表》《税务风险自测表》</td></tr>
<tr><td>3</td><td colspan="2">系统梳理以前财务不规范或做两套账时期所形成的历史问题，老板与财务总监、财务专家顾问一起商量解决办法</td><td colspan="2">《**** 问题解决方案》</td></tr>
<tr><td>4</td><td colspan="2">结合商业模式、业务流程、产品性质、合同等，设计销售、采购、投资、运营等环节的税务筹划方案</td><td colspan="2">《税务筹划方案》</td></tr>
<tr><td>5</td><td colspan="2">根据企业的战略与风险定位，设计企业的风险防范方案，设计税务稽查应对方案</td><td colspan="2">《税务风险防范规划方案》《稽查应对规划方案》</td></tr>
<tr><td>6</td><td colspan="2">纳税程序标准化、管理制度手册化、表格模板化</td><td colspan="2">《纳税申报操作手册》《税务管理制度》</td></tr>
<tr><td>7</td><td colspan="2">制定税务相关工具构成方案</td><td colspan="2">《税务管理体系工具设计方案》及相关工具</td></tr>
<tr><td>8</td><td colspan="2">制定制度、流程建设规划</td><td colspan="2">《税务管理体系制度、流程建设方案》及相关制度、流程文本</td></tr>
<tr><td>9</td><td colspan="2">……</td><td colspan="2">……</td></tr>
<tr><td colspan="2">方案设计者</td><td></td><td>落地负责人签字</td><td></td></tr>
<tr><td colspan="2">审核人签字</td><td></td><td>批准人签字</td><td></td></tr>
</table>

说明：

（1）规划方案可以用Word/Excel/Mind Manager思维导图等各种形式来展示或撰写，也可以用空白纸手写，形式不限。

（2）定人、定时、定地、定事、定方法，方案要具有实际可操作性。

纳税申报系统

很多企业家认为中国税负太重，实际上从全球范围来看，我们国家的税负并不是太高，当然税负高低与纳税痛苦指数不是一回事。

老板真正希望的是降低税负吗？很多企业恶意偷税是因为税负高吗？老板真的想偷税吗？当我们深入想这些问题时，就会发现我们真正期望的是一个公平的纳税环境，也就是大家都遵从税法纳税，所有企业都不通过偷税的方式获取市场竞争优势，那该是一副多么美好的景象！

1.发票问题

目前国家还是靠发票来控制税源，税务部门通过管制企业经营业务所需要的发票来监控企业发生的纳税行为。因此，企业纳税问题离不开发票问题，发票类违法犯罪成了一项最重要的案件来源。

据统计，我国每年各地税务机关和公安等部门查处制假、售假发票和非法代开发票案件数万件，抓获犯罪嫌疑人近万人，查获虚假发票数亿份，查处违法企业十万余户，查补收入上百亿元。

作为老板，对于发票我们要掌握以下几点。

（1）应当取得而未取得发票的成本费用不能作为抵税成本、费用列支。

公司经营过程中与经营相关的支出应当取得合法凭证。合法凭证通常指的是发票。但是，并不代表全部指的是发票。实际中存在一些可以抵税的成本费用是无需发票的，但一般情况需要法律法规明文规定。比如，员工工资、房地产企业土地拆迁补偿成本、境外取得的与代表经营相关支出的形式发票等。

这里的“应当取得”是指法律规定条件下的应当，而非实际中由于各种原因无法取得的情况。有时企业经营过程中会碰到一些无法取得发票的情况，可能合情合理，但是不合法。比如，用于公司经营的材料、劳务采购，因卖方原因导致没拿到发票（可能要求我们加税点才提供发票）。

因此，企业在选择供应商的过程中，需要充分考虑供应商能否提供发票事宜，不能仅仅因为采购价格低而选择。实际上，无法取得发票的采购行为，买方要承担更高的税负，并需要承担未履行索要发票义务的处罚责任。买方向卖方索要发票是企业对国家的法定责任和义务。

（2）不开票的收入也是需要纳税的。

国家用发票来控制税源，不代表“开票收入交税，不开票收入不交税”。企业经营收入，无论对外是否开具发票都需要纳税。只不过对于不开票收入，税务部门无法像开票收入那样容易监控，这也是很多企业做内外两套账的前提。针对不开票收入，税务部门主要通过纳税评估与税务稽查进行监管。也就是说，国家征收有两大手段，即“发票+监狱”，一个是企业主动交税，另一个是“杀一儆百”。

（3）开票时点与纳税义务产生时点不是一回事。

很多老板，甚至很多财务专业人士都错误地认为何时对外开发票何时交税。这也是很多企业存在的一个税务风险问题，虽然这个问题不至于让公司及责任人进入司法程序，但依然会面临稽查罚款的风险。实际上，企业纳税义务的发生基本与何时开发票没有关系，纳税义务的产生是由于企业业务的进度状态达到了纳税时点，这一时点一般要早于开发票时点。

当然，如果反过来，企业对外开票时点在前，则开票时点会触发流转税的纳税义务产生。换句话说，有些企业没做业务，提前给客户开发票，那么就会产生开完发票流转税纳税义务。

2.我们要交哪些税

企业应缴纳的主要税种有哪些，什么情况缴纳什么税？大致缴纳金额是多少？对此，老板心中要有一个框架。

中国现有的企业税费种类，包括流转税、所得税、资源税、财产税、行为税及特定目的税等共七大类十几种，其中流转税和所得税所占的比例较多。具体如图 4-1 所示。当然，不一定每一家企业都会有所涉及。

企业的税务成本主要分为三大类，见图 4-2。第一类是纳税实体成本，如流转税的成本或所得税的成本；第二类是税务处罚成本，如罚款、滞纳金等；第三类是税务交易成本，如正常的人情往来关系疏通费、税务顾问费、培训学习费用、财务人员犯错等。

企业究竟交了多少税，很多老板自己也不清楚。我在跟企业家们沟通的过程中发现，有些老板竟然交了不少糊涂税。

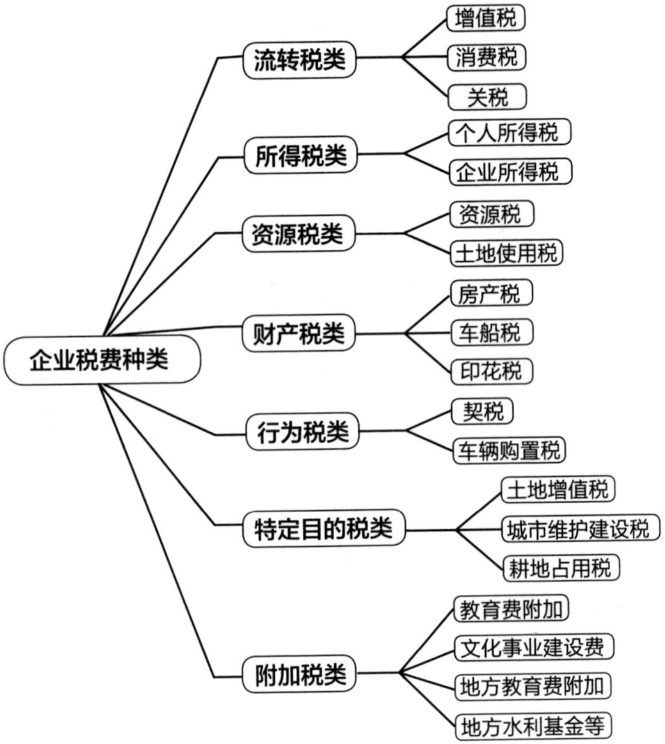

图 4-1　企业税费种类

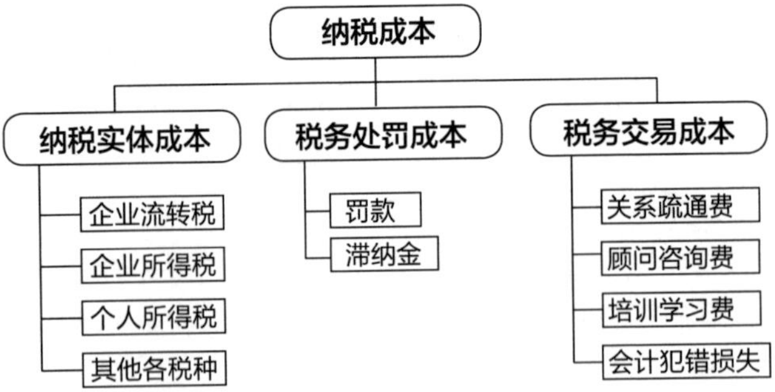

图 4-2　企业纳税成本

【案例】

有一家青岛的企业，本来是可以利用国家相关政策退税的，但是这家企业的财务人员不知道国家已经出台了相关政策，导致一笔50万元的税款因为错过时间没有退回。等到我们去给这家企业做审计辅导时，该企业的财务人员才知道有相关政策，但是为时已晚，企业不得不承担这项损失。

想到自己给公司造成这笔巨额的损失，这个财务人员非常害怕，哭着求我们的咨询师不要告诉其老板。后来经过财务咨询小组内部商量以后，觉得这家企业相当于花了50万元培养了一个财务人员。如果因为老板的一时冲动把她开除未免太可惜了，并且新招聘来的财务人员还有可能犯类似的错误。所以最终我们没有把此事告诉其老板，而是对这个财务人员进行了深入沟通和严重的批评，希望她能够吸取教训。

半年后我们与这位财务人员沟通交流时发现其进步极大。看来当初把她留下来的选择是正确的！

这种情况在民营企业中并不少见。

有一家四川的企业，本来应该交280万元的增值税，但是因为财务人员不懂，一直在交营业税。后来经国税局查处，让这家企业把应该交的增值税全部补上。没办法，企业不得不交280万元的增值税。就这样，给企业造成了巨额的损失。还有一些低级错误，比如在广州讲课时，听一个老板讲其公司财务人员给税务局打款纳税，40万元的税款，竟然不小心打了两次！

表 4–2 企业上缴税费汇总表

税种	2018 年度													2019 年度					
	1 月	2 月	3 月	4 月	5 月	6 月	7 月	8 月	9 月	10 月	11 月	12 月	本年度	1 月	2 月	3 月	4 月	5 月	6 月
增值税																			
个人所得税																			
企业所得税																			
印花税																			
城建税																			
房产税																			
教育费附加																			
地方教育费附加																			
合计																			
收入																			
综合税负率																			
增值税税负率																			

为了尽可能地避免企业交糊涂税，降低纳税成本，我给企业家们设计了一张非常有用的表——《上缴税费汇总表》。该表罗列出了企业每月应该缴纳的各种税，表格最下面是企业的销售收入，并且计算出了综合税负率和增值税的税负率，这两个税负率既不能忽高忽低，也不能完全一样（见表 4-2）。

风险防范系统

安全的财富才是真正的财富、幸福的财富。做企业如同坐飞机，关键不在于飞多高、飞多远，而在于平稳着陆！

财富是什么？是“0”。安全是什么？是“1”。随着“0”（财富）的增加，“1”（安全）就会越来越重要。“10000”财富减掉“1”等于“0”。随着企业规模的变大、企业家财富的增加，我们应该提高对税务风险的关注与防范。

最大的风险不是有风险，而是不知道有风险！盲人骑瞎马，夜半临深池！当企业意识到风险的时候，风险就已经降低了一半！

考虑到民营企业所承担的税务风险非常多，我把这些风险进行了分类。

1.历史遗留的原罪

我在给成百上千家企业做财务辅导和咨询的过程中，总结出了几十条原罪（见图 4-3），下面举部分例子说明。

原罪一，收入确认按开票时间确认。

有一家企业在6月1日这天卖掉货物，虽然没有收到货款，但是货物已经发出去了，客户也没有让企业开票，因此企业没有开票。同年9月1日，客户打款，企业收到货款后给客户开票，那么纳税的义务时间究竟是6月1日还是9月1日？

正确答案是收入确认的时间和纳税义务发生的时间都应该是6月1日。因为这一天货物已经发出去了，成本也能够可靠计量，货物所产生的所有风险都转移到客户，与企业没有关系了，所以纳税义务发生的时间是6月1日，不能因为对方9月1日才打款就把纳税时间定为9月1日。

这在民营企业中是一个非常普遍的现象，收入确认时间不准确会导致企业面临很多风险。

假如这家企业发出了一笔价值1000万元的货物，应该交100万元的税款，理论上应该是6月1日发生纳税义务，实际上9月1日才计入纳税义务，那么对于企业来说，相当于节省了3个月的资金利息。按照10%的年利率计算，就是节省了2.5万元的资金利息，即100万元×（10%年利率/12个月）×3个月=2.5万元。

但是这2.5万元给企业带来的风险非常大。税务部门没有及时收到税款，将可能对企业进行罚款并收取滞纳金。

罚款：按税款金额的0.5~5倍进行罚款，假设按1倍罚款，则100万元×100%=100万元。

滞纳金：按税款金额的每天5‰，则滞纳金为100万元×5‰×90天=4.5万元。

相当于企业为了这2.5万元的利息，给自己带来了

104.5 万元（100 万元+4.5 万元）的风险。

有人会问企业 6 月 1 日发货，9 月 1 日才收到货款，如果 6 月 1 日就产生纳税义务，相当于企业货款的钱还没有收到，就要先交税？的确，按照税法的确认原则，就应该是这样，企业不能只看到眼前一点点的好处就延迟纳税。这种情况在企业非常普遍，所以也是一个非常容易被税务部门稽查的原罪。

原罪二，账外资金回流。

有一家企业花 80 万元购买一批原材料，最终以 100 万元的价格卖掉。该企业有一半的客户不需要发票，企业会把不需要发票的客户产生的销售收入记在内账上，需要发票的客户产生的销售收入记在外账上。

记在内账上的销售收入，最终进到老板的私人账户上。如果 100 万元的销售货款有 50 万元进入老板的个人账户，那么企业在公司账面上是缺现金的，因为当初是花 80 万元买的材料，企业又为此支付了各种各样的费用，而外账上面的现金流入只有 50 万元……长此以往，将导致公司严重缺资金！

为了再次进货，老板没有办法，只能把当初进入私人账户的钱再拿回公司。这在账务处理上，会计只能以公司借老板个人款的形式，记在“其他应付款”上，这就叫作账外资金回流。

如果其他应付款金额比较大，而且公司一直需要运转资金，导致一直没办法将资金还给老板个人，形成严重的偷税行为。所以这也是民营企业的原罪之一。

原罪三，存货账实不符。

有一个浙江的老板告诉我他的企业销售额不大，但是存货特别高。比如，他一年的销售收入是3000万元，可是账上显示存货余额竟然高达5000万元。这里的存货余额是指税务账上的金额（实际仓库里远没有这么多）。

这是一家做电子类产品生产的企业。根据经验我判断出，如果这家企业的销售收入是3000万元，那么他的存货成本可能连2500万元都不到，否则不会有利润。而这家企业的存货余额竟然高达5000万元，如果这些存货真的存在，那将需要这家企业花两年的时间才能销售完，有谁会一次性采购2年的原材料或商品呢?

出现这种情况有两种原因：第一种原因是这家企业缺少增值税进项发票，所以只能买票，导致账上的存货越来越多（实际仓库没有）；第二种原因就是隐藏了收入，做两套账。

隐藏收入的做法可以举一个例子来说明，比如一家服装企业买了100匹布，做了100套衣服。销售时其中有50套是客户需要企业提供正式发票的，另外50套是客户不需要企业提供发票的。需要发票的50套衣服的销售收入就记到税务外账上，不要发票的这50套衣服的销售收入就记到公司内账上，打入老板的个人账户。

税务账的财务处理上，产品有销售收入就该有结转成本，50套衣服的销售收入，需要结转多少匹布的成本呢？如果企业结转的是100匹布的成本，那成本可能比收入还高；如果结转的是50匹布的成本，那毛利又有点高。有的企业在综合权衡之下，可能会选择结转60匹布的成本。

这时税务账上显示，60 匹布的成本对应着 50 套衣服的销售收入，再看税务账上还剩下 40 匹布呢。企业每这样操作一次就多出 40 匹布，久而久之，账上剩余的布匹（存货）就会越来越多……

但是实际上，仓库里根本没有这么多布，因为布匹已经做衣服卖掉了，只是账上没有记录这些销售收入而已。这就是典型的存货账实不符的原因之一。当然，还有些企业的情况正好相反，就是企业销售收入特别高，但是存货余额特别低。

曾经有一家企业的财务报表，销售收入是 8000 万元，存货余额却只有 18 万元，这样的存货数据明显是不合理的（除了部分行业是没有存货的，或者采用“零库存”经营模式的企业）。

如果这是一家生产制造企业，存货余额如此少，就说明这家企业的存货周转速度太快，好比“早上 8 点钟进来的原材料，上午 11 点就生产完，11 点 30 分就销售完”。这种速度连一些跨国公司都无法达到，民营企业更不太可能。

那么这种情况是什么原因导致的？排除糊涂账或账务核算等低级错误，这种情况可能是因为多结转成本导致的。

比如，某一笔 200 万元销售收入的订单，其真实存货成本只有 50 万元，如果按真实的业务处理，这个企业的毛利率很高，达到 75% 的毛利率。毛利率越高，交的税就越多，老板怎么办呢？通常老板就会要求财务在账务处理的时候，结转这笔业务的成本，就把 50 万元的成本改成 150 万元（毛利率降低了，变成了 25% 的毛利率），相当于多结转了 100 万元的成本，导致企业的税务账上多结转了100万元的存货。

如此这般，企业每操作一笔订单，就多消耗结转100多万元的存货……日积月累，就会出现存货只剩下18万元，但是销售却高达8000万元的情况。

试想一下，如果这时企业再卖出200万元的商品，这时的存货成本哪怕是全部结转，也就只剩下18万元，毛利率一下就变得非常高了。这也是典型的造成存货账实不符的原因之一。

原罪四，大额应付账款无法支付。

企业购买了增值税进项发票，但是并没有也不用真实对外支付货款，财务人员在进行账务处理时，往往会将其挂在"应付账款"科目下。次数多了，会导致此种业务产生"大量的应付账款"无法支付，也无须支付。

如今，企业购买发票的方式升级了。比如，企业要购买500万元的增值税发票，往往通过公对公的汇款方式，把500万元支付过去。对方公司收到钱并开具正规发票后，扣下购买发票的税点20万元，再将剩下的480万元打回给本企业老板的私人银行卡账户。

也就是说，每买一次发票，公司账户就少了500万元，老板个人银行账户上多了480万元……次数多了，老板个人银行账户上的余额越来越高，公司银行账户上的资金越来越少，怎么办呢？公司需要运营资金，老板就把个人银行账户里的钱提出来，借给公司使用，会计在外账上记着"应付账款－老板"或"其他应付款－老板"。

不管用什么形式，风险都是一样的。

企业税务问题上历史遗留的原罪远不止这些，还有抽逃资金、商业回扣、无票支出项目、提前开发票、增值税发票虚开等问题，见图 4-3。

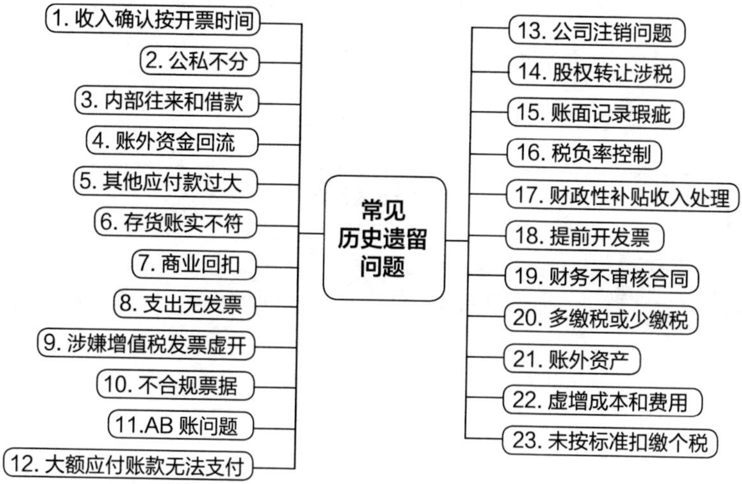

图 4–3 企业税务问题上的历史遗留原罪

若是这些原罪不清理，问题会一直存在。有的企业选择用注销公司的方式来结束这些原罪——一切推倒重来，但是如果新的企业不改变财务处理方式，问题还会产生。

长此以往，企业最终的结果是，不仅企业做不大，甚至还会面临税收法律和刑法的制裁。

2.违法的责任

企业在纳税的过程中存在违法的行为，相应地就要为此受到惩罚。中国的税务违法行为法律责任有两大类，一类叫行政责任，一类叫刑事责任。

涉及税收行政法律责任的有：违反税务登记管理制度、违反账簿管理制度、违反发票管理制度、违反纳税申报制度、违反税款征收制度。行政责任的处罚一般是罚款、没收违法所得或取消资质等。见表 4-3。

表 4-3　税收行政法律责任

税收行政法律责任				
违反税务登记管理制度	违反账簿管理制度	违反发票管理制度	违反纳税申报制度	违反税款征收制度
处罚形式：罚款、没收违法所得、取消出口退税资格等				

罚款。罚款分为定额罚款和比例罚款两种形式。如果企业的违规行为不涉及少缴纳税款的情况，则一般为定额罚款，法规规定一个罚款区间金额，由税务征管部门根据具体情况区间自己裁量。

对于主动自查出少缴税款违规行为，并主动进行补税的企业，一般情况下不再进行罚款惩罚。

滞纳金。滞纳金是对违规延迟缴纳税款的一种处罚，相当于资金使用费，按天计算，每天万分之五。

取消资质。对企业与相关资质相关的违规行为可以进行取消资质的处罚。比如取消企业出口退税资格、发票领购资格等。

违反刑事责任的问题就比较严重了，常见的罪名有：逃避缴纳税款罪（偷税罪）、虚开增值税专用发票罪、伪造增值税专用发票罪、出售伪造增值税专用发票罪、骗取出口退税罪等。最后三个罪名都与增值税有关。其中，最普遍最常见的是“虚开增值税专用发票罪”。

3.税收的刑事犯罪

对于企业严重的税收违法行为，涉及犯罪，税务部门有责任将案件移交司法部门，由公安局经侦局侦办进入司法程序。税收违法涉及的刑事犯罪罪行主要有以下几个种类。

（1）逃避缴纳税款罪。

纳税人采取欺骗、隐瞒手段进行虚假纳税申报或不申报，逃避缴纳税款数额较大并且占应纳税额10%以上的，处3年以下有期徒刑或拘役，并处罚金；数额巨大并且占应纳税额30%以上的，处3年以上7年以下有期徒刑，并处罚金。税款金额比较大、巨大由法官自由裁量，一般情况下金额比较大的罚金为5万元。

表4-4 税收刑事法律责任

税收刑事法律责任				
逃避缴纳税款罪（偷税）	抗税罪	虚开增值税专用发票罪	伪造或出售伪造的增值税专用发票罪	骗取出口退税罪
处罚：管制、拘役、有期、无期；附加刑：罚金、剥夺政治权利、没收财产				

对于偷税罪可以花钱买罪，但需要同时满足三个条件：①税务机关依法下达追缴通知后，主动补缴应纳税款，缴纳滞纳金及罚款；②5年内未因逃避缴纳税款受过刑事处罚；③5年内被税务机关给予2次以上行政处罚。

（2）抗税罪。

抗税罪是指纳税人、扣缴义务人故意违反税收法规，以暴力、威胁方法拒不缴纳应缴税款的行为。对情节轻的，处3年以下有期徒刑或拘役，并处拒缴税款1倍以上5倍以下的罚金。

有下列严重情节的处3年以上7年以下有期徒刑，并处拒缴税款1倍以上5倍以下罚金：①聚众抗税的首要分子；②抗税数额在10万元以上的；③多次抗税的；④故意伤害致人轻伤的。

（3）故意销毁账簿罪。

隐匿或故意销毁依法应当保存的会计凭证、会计账簿、财务会计报告，情节严重的，处5年以下有期徒刑或拘役，并处或单处2万元以上20万元以下罚金。

（4）普通货物走私罪。

普通货物走私罪主要涉及的违法实质是偷逃税款，故普通货物走私罪实质上也属于税收刑事犯罪。

（5）增值税专用发票类罪。

增值税专用发票类犯罪属于一类犯罪，具体刑法罪名有：①虚开增值税专用发票罪；②伪造或出售伪造增值税专用发票罪；③出口骗税罪。

三种税收违法犯罪均属于增值税专用发票类犯罪，法律上虽存在一些犯罪构成的差异，但实质上均是虚开增值税专用发票。出口骗税的前提就是虚开发票，只不过性质更加恶劣，虚开导致的是少缴税款，出口骗税不仅不缴，而且骗取国家税款放进自己口袋。

增值税专用发票类犯罪处罚是相当严重的，企业应当绝对避免此类犯罪。

实际中，常见的有：企业购买增值税专用发票进行抵扣；将企业富余的增值税专用发票（有些客户不索要发票，如超市、加油站、药品批发药店渠道、黄金销售等），以收取一定税点的方式卖出去；购买增值税专用发票用于虚假出口，骗取增值税退税；等等。以上都是这类犯罪的典型形式。

【案例】

5 万元起刑，虚开的税款数额 5 万元以上的，以虚开增值税专用发票罪处以 3 年以下的有期徒刑或者拘役，并处以 2 万元以上 20 万元以下的罚金；虚开的税款数额在 50 万元以上的，认定为刑法第二百零五条规定的“数额较大”，处 3 年以上 10 年以下有期徒刑，并处 5 万元以上 50 万元以下罚金；虚开的税款数额在 250 万元以上的，认定为刑法第二百零五条规定的“数额巨大”，处 10 年以上有期徒刑或者无期徒刑，并处 5 万元以上 50 万元以下罚金或者没收财产。每增加 1 万元，刑期增加 1 个月。

有下列情形之一的，不适用缓刑：①虚开增值税专用发票税款数额 30 万元以上或使国家税款被骗取 25 万元以上的；②曾因虚开增值税专用发票被行政处罚或判刑的；

③虚开增值税专用发票累计5次以上的；④未按规定缴纳60%以上罚金的。

单位犯罪，对单位判处罚金，并对其直接负责的主管人员和其他直接责任人员判刑。

有的老板问找一位60多岁的老大爷来担任法人代表，是不是出事了就抓老大爷不抓老板呢？事实上，找他人代为担任法定代表人解决不了根本问题，税法关注的是直接做决策的背后真正的老板。

【案例】

一个在义乌做电力设备的老板跟我反映他的公司每个月都缺300多万元的增值税进项发票，于是每个月都要购买300多万元的发票。这种情况已经持续了将近两年。

我告诉他，购买增值税专用发票达到5万元就可以判刑了，如果达到50万元，有可能判刑5年。这个老板一个月就买300万元的发票，按照13%的利率计算，就是39万元的税款，就有可能判3年。更何况他购买了将近两年的发票，涉税上千万元。

再如加油站的案例。加油站交税金额比较特殊，不是开了多少票就交多少税，而是卖了多少油就交多少税。私家车在加油的时候一般是不要发票的，于是北京的某个加油站就积攒下大量的发票，对外卖了七八千万元。后来，这个加油站的老板被查出来，基本上后半生都会在监狱度过了。

虽然中国已经取消了增值税专用发票违法犯罪死刑，但是保留了无期徒刑。

国家之所以对增值税管得这么严格，是因为增值税是国家财政收入的主要来源，是国家财政最主要的一个税种。

一家企业的老板知道增值税的发票不能虚开、买卖，于是想出了另外一种办法：A公司把货物卖给了B公司，B公司是核定征收的定额纳税企业，给A公司打完货款以后不要发票。然后B公司又把货物卖给了C公司，C公司把货款打给B公司以后让B公司开发票，但是B公司没有发票，就让A公司直接给C公司开发票。这种方法看似可行，但实际上A、B、C三家公司的做法均有错误。

虚开增值税发票有四种情况，分别是：为他人虚开、为自己虚开、让他人为自己虚开、介绍他人虚开。在上述案例中，A公司的错误是“为他人虚开”，B公司的错误是“介绍他人虚开”，C公司的错误是“让他人为自己虚开”。一旦被查处，三家公司同罪。

虚开增值税发票是民营企业中非常常见的问题。我曾经遇到过一个宁波的老板，他的公司一年有700万元的利润，其中有650万元是卖发票赚的钱。

原来，这家企业在一条供应链的中游，他上游的供应商一定要给他开发票，而他下游的很多客户都不要发票。于是这个老板就把积攒下来的多余销项发票拿去以6%~8%的价格卖出去。就这样一年赚650多万元。这样做风险很大，我们无数次劝告老板不要这样做，“君子有所为有所不为”。但是这个老板一意孤行，明明已经犯了错，却还继续向前走。

一位从看守所出来的老板说：一旦虚开了增值税发

表 4–5 纳税评估自测表

项目	2018 年度												2019 年度					
	1 月	2 月	3 月	4 月	5 月	6 月	7 月	8 月	9 月	10 月	11 月	12 月	1 月	2 月	3 月	4 月	5 月	6 月
收入																		
成本																		
期间费用																		
收入变动率																		
成本变动率																		
费用变动率																		
毛利率																		
利润率																		
收入费用率																		
能耗率																		
运费率																		
固定资产折旧率																		
无形资产摊销率																		
存货周转率																		
预收收入比率																		
所得税负担率																		
所得税贡献率																		
流转税税负率																		
整体税负率																		

票，就相当于有半只脚踏进了监狱的大门，“出来混迟早是要还的”，各位企业家们一定要谨记这句话。

为了了解企业的纳税情况，我给企业设计了一个《纳税评估自测表》，见表 4-5。把企业与税相关的指标填进去，就能够反映企业的纳税情况。

税务筹划系统

很多民营企业都想税务筹划，举例来说，假如进行税务筹划有两种方法，一种方法会让企业老板进监狱，另一种方法会让企业损失点罚款，相信各位老板都愿意选择罚款这种方式。再比如，还是进行税务筹划，一种方法是接受罚款，另一种方法是请客吃饭，估计各位老板都愿意选择相对风险较小的方法。但实际上，很多老板往往选择了风险较大的做法。

1.纳税的三重境界

企业面临税务有三种做法，第一种做法叫偷税，第二种做法叫避税，第三种做法叫税务筹划。其中偷税是一种违法的行为；避税如果被查到，也将面临补交税款，甚至补交占用税款的资金利息；而税务筹划则是既合法又合规的。

税务筹划与避税有着本质的区别。税务筹划是合法合理又合逻辑，而避税表面上合法，实际上违反了国家的立法精神，钻了法律的空子，一旦被税务局查到，照样可以以反避税的名义让企业补税。

如果要做合理税务筹划，必须先改变“交易”。相同交易的税务成本的计算方法是一样的，我们完全可以通过改变交易来实现合理税务筹划。换句话说，如果交易不变，那么纳税是一样的。只有交易发生了改变，纳税才不一样。交易的改变可以是交易方式、交易地点、交易时间，这些都会导致企业纳税金额发生改变。

2.合理进行财务管理的三个前提

合理税务筹划有三个前提，分别是精通税法、精通业务、创新思维。大部分民营企业的财务人员只是了解部分税法，根本谈不上精通，对业务也不是非常了解，创新思维就更谈不上了，反而有的老板会具备这三个前提中的两个，就是精通业务和创新思维。

上我的税务筹划课程，我会要求老板带着财务人员一起听课。当讲到税务筹划案例的时候，往往是老板比财务人员更先想出自己企业税务筹划的招数。为此我得出一个经验：老板最好与财务人员共同探讨和学习税务筹划的知识，光凭财务人员自己比较困难，因为财务人员不了解业务，也没有创新思维，反而是老板，虽然在税法方面知识比较薄弱，但是既了解业务又有创新思维。因此老板与财务人员相结合，更容易碰撞出火花。

在给企业做财务咨询的这些年里，我们团队总结出了100多个民营企业合理税务筹划的案例，学会这100多个案例，将能够帮助企业在一定程度上减轻税负。当然我所说的合理税务筹划不是单纯地把企业实际给国家交税的金额调控下来，而是结合企业所处的实际情况为企业设计税务筹划的方法。

有一家佛山的企业，一年的营业额达1亿元，正常情况下，这家企业每年至少应该交300多万元的税，但实际上一年只交了20多万元。我给这家企业设计完合理税务筹划的方法后，这家企业每年大约要交200万元的税额，从表面上看一年多交180多万元，但经过合理的税务筹划已经节省了。

3. 税务筹划案例

税务筹划的案例很多，随着税收法规的改变，税务筹划的案例可能要改变，但是背后的逻辑和思路是一样的。学习税务筹划案例，更多的是学习其背后的逻辑与思路。其中，学习背后的错误案例也不失为一种方法。

【案例】

避税港设立特殊目的公司的做法是一种最常见的避税方法，通过高买低卖的方式将利润转移至避税港公司。

常见的避税港主要有开曼群岛、维尔京群岛、巴哈马、伯利兹、百慕大及中国香港等。

假如公司是出口型企业，产品出口美国。这时如果有避税港公司，则先将产品出口避税港公司，价格较低，避税港公司加价出口美国，这种转口贸易在国际贸易里占有相当的比重。这样，利润就从境内转移到了避税港公司，境内公司利润降低，企业所得税降低。反过来，进口也一样，国内公司购买原材料价格比较高，利润转移到境外。只要关税在一定比例内，就达到了降低税负的效果。

实际操作时设计的路径可能会复杂一些，针对这一避税方式各国纷纷出台相应的反避税政策。中国也出台了相应政策，如受控外国企业原则（CFC规则）是一个重要的政策。简单来说就是，受国内控制的避税港公司每年利润视同分红，国内补缴企业所得税。这是一种博弈，而非因这一政策这种避税方式消失了。

对于没有货物贸易的公司，可能通过与避税港公司的服务贸易进行利润转移，这在跨国公司中也是比较常见的一种具体方式。

税收政策是一种非常重要的国家宏观调控手段，也是非常容易见效的。比如：国家鼓励的行业、产业可以通过税收优惠的手段引导投资进入。我们在实际财税咨询工作中也经常利用税收政策，甚至利用一些税收洼地，但绝不是钻法律的空子。

下面是合理税务筹划的例子。

【案例】

有一位江苏无锡的老板，他的企业主业是绿化工程，公司自建有苗圃基地。这家公司遇到了一个大问题：公司成本太低，利润率很高。利润率高是好事，但导致企业所得税自然也就高。公司老板对这个问题一直头疼，而且很多同行老板跟他讲，他们的公司没交那么多的税，他就一直认为是公司的财务有问题。

接到该公司老板的邀请，我们团队对其公司详细情况进行了分析。其实这家公司之所以利润率比同行高很多，原因就在于绿化所用的苗圃、树木是自己栽培，成本很低，只有养护成本。换言之需要将这家公司供应链重新塑造，将苗圃基地分立出去成立“苗圃公司”，或与农民合作成立“合作社”。也就是将内部供应链改变成外部供应链，这时绿化公司要从苗圃公司购买苗圃树木，按市场公允价格计价结算。苗圃公司开票给绿化公司，绿化公司作为成本列支。这样下来，产业链的利润在两家公司之间进行了分配。由于苗圃公司属于农林牧渔的范畴，属于免税行业，因此并不会导致税负增加。

实际生活中与农林牧渔相关产业都有可能进行供应链的重新塑造和规划。如重庆一家家具制造公司，购买的原材料木材不能获取发票，不仅成本不能列支，增值税也不能进行抵扣。

这时我们就可以通过塑造供应链的方式进行解决，如购买木材变为购买树木，开具农产品收购凭证进行抵扣增值税，列支成本。甚至还可以塑造农业合作社的方式。

【案例】

我们经常看到有一些企业采用会员制模式，只对会员进行服务，收取一定金额的会员费作为入会的条件，产品或服务价格会适当降低。这里面存在怎样的税收考虑呢？

某著名服装品牌公司增值额比较高。为了老板税务筹划，我们调研筹划后，建议把其销售方式由“代理商销售”改为“代理商会员制销售”。

所有的代理商必须加盟成为会员，并交200万元的会员费。成为会员后再采购服装时，产品按8折采购，非会员不再供货。即，如原来一年进货1000万元（无折扣），现在改成200万元会员费和800万元货款（1000万元货款按8折计），总和仍然是1000万元。对代理商来讲是一样的。

对该品牌服装而言，销售服装缴纳13%的增值税，会员费收入缴纳6%的增值税，两者的税率和税负不同。

假设公司销售额20亿元。改成会员制销售，按价款20%收取会员费，即共收取4亿元。产品再按8折销售，则销售服装收入为16亿元。可见，会员制模式将税务筹划20亿元×13%-（16亿元×13%+4亿元×6%）=0.28（亿元）。

当然，这里面需要进行很多细节设计，具体的方案和合同的草拟可以邀请税务专家处理。

如果要长期经营企业，那老板背后应该有三个智囊：一个是律师，一个是财税专家，还有一个是养生专家。在多年的财税服务过程中，我们得到了很多企业家的信任和支持，是他们给我们提供了价值万金的避税节税案例。

以下有两个模型可以在一定程度上给财务人员参考。

表 4–6 采购成本税筹模型

序号	发票类型	采购类项目	项目不含税金额	税率	加税点	含税金额	反推不含税采购成本	抵减增值税	抵减所得税	综合采购成本	涉税风险
1	专用发票	3% 专票		3%	2.00%	—	—	—	—	—	不能在相关手续上标明税点
2		6% 专票		6%	3.00%	—	—	—	—	—	不能在相关手续上标明税点
3		9% 专票		11%	7.00%	—	—	—	—	—	不能在相关手续上标明税点
4		13% 专票	1,000.00	13%	8.00%	1,080.00	955.75	130.00	250.00	575.75	不能在相关手续上标明税点
5	普通发票	3% 专票		3%	3.00%	—	—	—	—	—	不能在相关手续上标明税点
6		6% 专票		6%	2.00%	—	—	—	—	—	不能在相关手续上标明税点
7		9% 专票		11%	1.00%	—	—	—	—	—	不能在相关手续上标明税点
8		13% 专票		13%	3.00%	—	—	—	—	—	不能在相关手续上标明税点
9	白条收据	白条收据		0%		—	—	—	—	—	可能每张每次罚款 2000 元

表 4–7 税务筹划测算模型

序号	采购成本项目								销售收入项目						
	采购类项目	年度不含税耗费总额	税率	加税点	未开发票占比	已票税额	未票未税金额	涉税风险	主体性	项目	年度不含税总销售额	未开发票占比	已票税额	未票未税金额	涉税风险
1	箭牌卫浴		13%	8%	33.00%	—	—	—	公司主体	单位客户		0.00%	—	—	—
2	箭牌陶瓷		13%	8%	0%	—	—	—	公司主体	工程客户		0.00%	—	—	—
3	浪鲸卫浴		3%	0%	0%	—	—	—	个体户	消费顾客		0.00%	—	—	—
4	浪鲸陶瓷		13%	0%	0%	—	—	—				0.00%	—	—	—
5	法恩莎卫浴		3%	8%	0%	—	—	—				0.00%	—	—	—
6	法恩莎陶瓷		9%	0%	0%	—	—	—				0.00%	—	—	—
7	日丰管		3%	0%	0%	—	—	—				0.00%	—	—	—
8			6%	0%	0%	—	—	—				0.00%	—	—	—
9			3%	0%	0%	—	—	—				0.00%	—	—	—
10			3%	0%	0%	—	—	—				0.00%	—	—	—
11	合计	—				—	—	—			—		—	—	—

序号	非流转税费用税前列支						税负测算					
	项目	年度耗用金额	未开发票占比	已票税额	未票未税金额	涉税风险	增值税及其他		所得税		综合税负	
							金额	比率	金额	比率	金额	比率
1	管理费用		0.00%	—	—	—	—	0.00%	—	0.00%	—	0.00%
2	制造费用		0.00%	—	—	—						
3	人工费		0.00%	—	—	—						
4	销售费用		0.00%	—	—	—						
5	合计	—		—	—	—	—	0.00%	—	0.00%	—	0.00%

稽查应对系统

有人曾经这样说，“如果有人说，中国的税负全世界最高，我一定不承认。但如果有人说，中国的税法全世界最复杂，我一定不否认。”中国经济的高速发展、新事物的不断涌现，导致税法的变化比较快，不停地出台补充性和补漏洞性的法规。税法的这种现实状况必然导致很多税收的争议问题，很多时候企业常感到十分无奈。主观上从没想过少缴税的企业同样可能会被查出很多问题，被要求补税，或者面临罚款。

当税务局稽查企业的时候，财务总监要站在老板的角度考虑问题，想清楚如何配合税务局的稽查。应对税务稽查是每一家纳税企业都要经历的，而且随着税收征管力度的加强，这一事项将会变得更加重要。我们经常会接到客户的电话，“这两天税务要来稽查，我们怎么办？”貌似客户除了恐惧心理，什么都不知道，更别说怎么办了。

对于税务稽查，企业首先要了解被稽查的原因，是被人举报了，还是随机检查？是税务局完不成任务找企业补税，还是企业在纳税过程中有偷税的痕迹？是税务局专门针对某个行业的稽查，还是有其他什么原因？

分析完税务稽查的原因，还要了解税务局稽查的方法，是查账还是去看车间仓库？是看企业的资金流往来还是直接把账本带走？是否要同时稽查企业的供应商、客户、运输单位等？

税务局稽查企业没有固定套路，都是凭经验沉淀下来的，而且不同地方的税务局方法也不一样。比如，浙江某地的税务局去稽查企业时，既不看账本也不看仓库，而是直接看企业的电表。因为当地很多企业都是制造型企业，生产量与耗电量有直接关系。还有些地方的税务局会直接去盘点仓库、检查固定资产等。税务局使用的手段不同，对企业的影响也不同，那么企业选择的应对方法也就不同。见图 4-4、图 4-5。

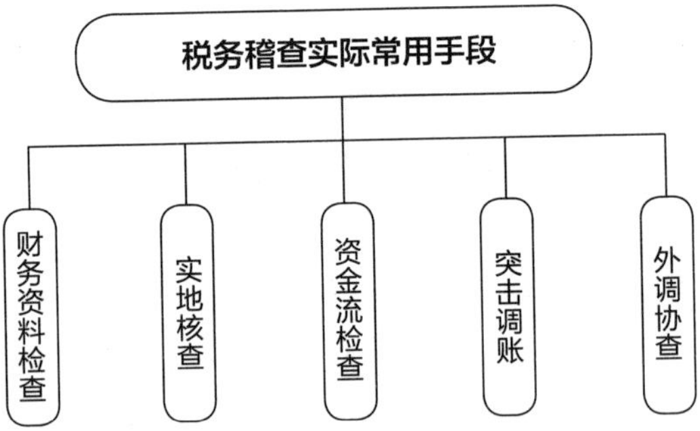

图 4-4 税务稽查实际常用手段

有的税务局会用投入产出分析的方法，比如，佛山有一家做服装的企业，年营业额超过亿元。结果税务局到这家企业的车间一看，整个车间里只有一台缝纫机在生产服装。很显然，这是一家空壳公司在倒卖发票，实际上根本没有这么大的营业额。

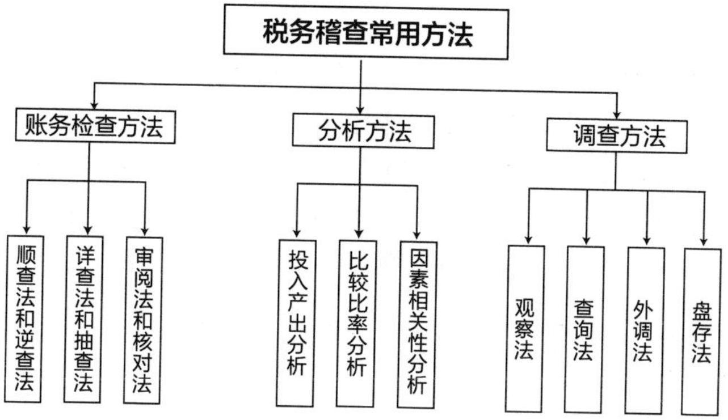

图 4–5 税务稽查常用方法

【案例】

西北有一家销售白酒的企业，一年营业额也差不多两亿元，但是财务人员给税务局的报表上显示，这家企业的销售收入才 300 多万元，几乎没交多少税。原来，这个老板非常“聪明”！“聪明”到几乎没有人能找到他的办公室。

如果不是董事长亲自领着我，无论如何我都找不到他们财务办公室。当地有一家八层楼的商务酒店，但电梯只能坐到七层。七层电梯出来之后，沿着走廊一直走，尽头有一个安全通道。从安全通道进入有楼梯上八层，中间有一个门禁，必须输入指纹以后才能通过安全门爬楼梯上到八层。八层走廊两边有人力资源部、采购部、销售部等部门，唯独没有财务部。

八楼走廊的尽头是董事长办公室，董事长办公室旁边有一个不起眼的小门，打开是一间会议室，这间会议室里面套了好几层房间，最后才找到财务部，好好的一个财务部，弄得像迷宫一样。

该老板把近两亿元的营业额只报300多万元，他自己也很害怕，于是带着三个股东（其中一位小股东就是财务总监，老板担心财务总监举报就给了一点股份）来上我的课，还请我的团队去做财务顾问。我说，其实只要看企业仓库门口停着多少台车，就能判断出企业大约有多少营业额了。有些时候，通过一家企业的投入产出和员工数量就能判断出一家企业的经营情况。

有些企业的财务人员见到税务局的工作人员就像老鼠见到猫，说话紧张打哆嗦，不懂得注意分寸。我们在帮助企业建立财务系统的时候，关于如何应对税务稽查，也有一整套的方案和技巧会传授给企业老板及财务人员。

建立好风险防范体系、纳税申报体系、税务筹划体系、稽查应对体系，企业才算真正建立好了税务管理体系，才能真正支撑企业的正常运转，保证老板的风险在可以接受的范围之内。

在经济发展与改革的过程中，国家的税制也在不断改革。“简税制、宽税基、低税率、严征管”是税制改革的四项原则，俗称“十二字真言”。换言之，即制度简单点、大家都交点、税率低点、征管严点。

当然，道路是坎坷的，前途是光明的。虽然税制改革的过程中充满了变数，但是我们要相信，最终一定会实现这一改革目标。

|第五章|

C A I W U D E L I L I A N G

资金管理体系

5

资金管理系统建设规划方案

曾经有一次和一位老板聊天，他说：

“控制了钱，就控制了一切！控制了财务，就控制了公司！”

“财务部门归谁管，谁就是公司的实际控制人。”

的确，财务是打通企业管理所有环节的核心，而打通的工具就是通过“资金”这个所谓的血液！

1.资金是财务管理的核心

企业管理以财务管理为核心，财务管理以资金管理为核心。

资金是企业里流动的血液，企业里经营活动主要是围绕资金进行的。资金是困扰民企老板最头痛的财务管理难题之一。如何管好资金、让资金高效利用，是老板们时刻都在思考和焦虑的财务问题。例如：资金紧张的时候怎么才能获得周转资金，资金宽裕的时候该怎么管理资金，资金给谁来管最安全、最放心。

企业规模小的时候老板自己管钱，企业有了规模之后让家人管钱或让亲属管钱，这样资金就安全了吗？其实不然，即使把钱交给老板最信任的人来管，资金还是不安全，被内部人员舞弊贪污的现象时有发生。老板们非常不解，为什么由自己信任的人管钱还是不安全？

存在以上疑惑和苦恼的老板们主要是不了解企业资金的运作规律和特点，缺乏管理资金的手段和工具。这些企业的资金说到底是靠“人”来管控，不是靠“系统”来管控。

当今的企业管理是系统化的管理，只有系统才值得信赖，只有建立起资金管理系统，企业的资金才能安全高效地运行。

2.资金的问题和现象

资金问题和现象一：企业的货卖出去了，钱没有收回来，收款的工作应该由谁负责呢？总不能每个月都是老板自己去督促销售员收款吧！

点评：该企业没有建立起有效的资金系统，没有对客户进行信用管理，更没有落实好收款责任，缺少应收款管理制度。

资金问题和现象二：某企业账面上总是缺钱，经常是多个部门集中对外付款，例如采购付款、研发付款、生产设备采购需要付款，各部门总是跟财务说：“我们的款很急必须按时支付。”财务只能凭感觉做决定，哪个部门用款急就先给哪个部门付款，导致整个公司资金一直处于极度短缺的状态。

点评：企业做到一定规模以后必须对资金进行事前管理，做好资金使用计划，否则就是有再高的销售额也不能保证企业现金流的安全。

资金现象和问题三：某企业老板很信任财务出纳，企业的银行印鉴、支票和账户密码全部由出纳一人掌管长达10年。突然某天老板的一位朋友说："老兄，你们公司的出纳跟我住在同一别墅小区里，她的老公还开了一辆路虎豪车。"这时老板感觉到可能企业的资金出问题了，果然，查账发现，企业资金被出纳挪走高达800多万元。

点评：企业的资金安全不能依靠"个人信用"。该企业没有建立起资金安全系统，缺少资金内控制度和流程，无法对出纳的工作进行安全监督和舞弊防范，导致资金被挪用。

3.管钱的四个阶段

阶段一：自己管钱。

企业老板中以做销售和搞技术出身的居多。他们在早期创业的时候既是销售员又是出纳，谈业务和管资金合二为一。随着企业规模越做越大，管钱的思路和意识没有发生根本性的改变，还是用做小生意管钱的方式管理企业的资金。企业花钱全凭老板自己的兴趣和个人喜好。老板可能认为自己管钱是最安全的，然而弊端和问题十分突出，如花钱不做计划、用钱随意性大、企业用钱得找老板、资金和财务完全脱节。

阶段二：家人管钱。

让家人来管钱在企业里十分常见，特别是老板娘管钱最常见。让家人管钱的最初动机还是觉得家里人管钱最安全最放心。由于家人缺乏对企业资金管理的专业技能和知识，因此在实际中家人大多只是一个经手人的角色，并没有起到合理控制、统筹和使用资金的作用，资金的使用效率并不高，资金的紧张情况更是时有发生。企业做到一定规模之后，家人也觉得自己管钱时心有余而力不足，心情很矛盾，不管又实在是放心不下，管又觉得自己的能力实在跟不上。

阶段三：请人管钱。

企业发展到一定规模之后，会设立专职的财务部门，从外面招聘专业的会计人员负责管理企业的资金，于是出纳成了老板们最信任的人。有些企业老板凭感觉认为某某人当出纳管钱还是可以放心的，因为出纳直接听从老板的命令，是替老板管钱。由于企业缺乏必要的制度和流程，特别是缺少岗位监督和严格的资金审核制度，老板们心里也都很不踏实！

以上三种情况在民营企业里非常普遍，资金管理问题已经成了制约企业发展的瓶颈，资金管理上存在的诸多隐患早已埋在企业里，企业发生资金危机和资金舞弊事件只是时间问题。

阶段四：系统管钱。

靠系统管钱是企业突破资金瓶颈、实现资金安全不受制于人的最佳方案。资金系统就像是给企业的资金安装了信号灯和安全阀，让企业的资金更稳健、更高效地使用和运转。

企业只有真正导入资金系统，老板们才能摆脱财务管理上诸多人为的束缚，企业的资金安全才能得到充分的保障，让资金高效运转。

4. 大企业是怎么管钱的

像华为、腾讯等业务规模大的企业，每天进出的资金超过上亿元，甚至几十亿、上百亿元，巨额资金在集团里由多个公司同客户进行交易，企业高管根本没有精力逐个过问每个账户的资金情况。这样的企业靠什么制度和系统保证资金如此高效和安全呢？

优秀的企业在资金管理上都是靠系统管理资金，企业里的所有员工都必须遵守资金管理系统的制度和流程，这样才能实现有计划地使用资金，让资金更安全、流动更高效。大企业的管钱之道主要体现在四个方面：

（1）按计划花钱。企业里所有开支都必须严格遵守先有资金计划再花钱的原则，严格执行企业资金预算计划，从业务源头就做好资金计划。一旦资金计划制订好，各部门必须严格执行。

（2）用制度管钱。财务对资金的管控已经渗透到各业务部门，通过建立严格的信用管理制度和付款、报销制度来监督控制资金的合理使用，保证企业的资金在可控条件下合理地使用和支出。企业里任何人都不得超越现有制度，包括企业董事长，杜绝可能出现的人为舞弊行为。

华为公司创始人任正非在一次从日本出差回来后，费用报销中有一笔是在酒店里洗衣服的费用，该费用不在允许报销之列。于是，被财务单独挑出来并禁止报销，为此事任正非还在会上做了自我批评。

（3）审核监督。通过授权的方式将企业付款和用款的责任和部门负责人紧密联系起来，清晰划分财务工作岗位和权限，通过不兼容岗位的设置，让管钱和管账独立操作，保证用款时必须经过严格的事前审核和事后监督。

（4）内控稽查。通过设置专职的内部控制岗位，定期审查资金使用的正当性和用款的合理性，定期审核交易金额和会计记录是否一致，通过盘点现金和核对银行金额，及时发现钱、账之间的金额差异并查找出原因。

5.资金系统的作用

第一，资金更安全。资金系统为企业的资金安装上安全门，资金进出都要经过严格的安全检查，从而保证了资金的安全。

第二，资金不断流。从资金计划、制度流程和工具等全方位资金管理入手，通过对资金进行静态和动态的分析，全盘统筹整个企业的资金安排和合理使用，杜绝资金被滥用、避免资金被浪费，从而使资金的使用效率得到提升，大幅改善企业的现金流。

资金管理系统是系统地解决资金安全管理和资金有效使用问题的有效保证。结合企业自身的业务特点整体筹划、通盘考虑，在保证企业现有业务资金安全的前提下，为企业未来的资金需要做好未雨绸缪的事前筹划。结合企业业务流程制定企业资金管理制度，建立健全企业信用管理制度，从业务源头入手控制好资金流和降低收款风险。建立企业整套的资金管理制度和流程表单，让方案能落实和实施。

以下是某企业的资金管理系统建设方案，可供参考。

表 5–1 《资金管理系统》建设规划方案

总责任人			小组成员	
具体方案完成时间			方案落地完成时间	
编号	**方案具体内容**		**成果**	
1	梳理公司战略发展需要，增长与扩张需求，设计未来 3 年的投融资战略规范		《投融资战略规范方案》	
2	根据实际战略，设计公司的上市、融资、并购、投资、市值管理的方案		《资本运作系统方案》	
3	事前分析企业未来的资金需求和资金流状况，合理规划资金使用计划，降低企业财务风险		《资金预测系统方案》	
4	对企业运营中的资金实施安全管控，确保资金的安全、避免企业内部舞弊导致的资金损失		《资金安全系统方案》	
5	结合信用管理的技术原理、方法、流程和执行案例，设计信用风险防范措施和手段，减少和降低销售回款中可能出现的资金风险		《信用管理系统方案》	
6	资金制度与流程的标准化、手册化		《出纳与收银操作手册》《资金管理制度》	
7	制定工具构成方案		《资金管理体系工具设计方案》及相关工具	
8	制定制度、流程建设规划		《资金管理体系制度、流程建设方案》及相关制度、流程文本	
9	……		……	
方案设计者			落地负责人签字	
审核人签字			批准人签字	

说明：

（1）规划方案可以用Word/Excel/Mind Manager思维导图等各种形式来展示或撰写，也可以用空白纸手写，形式不限。

（2）定人、定时、定地、定事、定方法，方案要具有实际可操作性。

资金预测系统

资金链断裂的悲剧天天都在发生。其实，现金流的技术原理非常简单，但为什么悲剧时常发生？

一家企业能否保持生产经营的良性循环，能否拥有竞争优势，快速发展壮大，很大程度上取决于企业的资金系统是否能安全、高效、健康地运转。

很多企业在资金使用方面，缺乏一套科学而完善的措施和制度，许多环节凭着经验和感觉进行管理和决策，致使高投入、低产出、投资分散、规模效益差等现象频频发生，同时还造成资金的无效使用和大量浪费。由于缺乏有效的协调机制，造成各环节各自为政，相互衔接差。这种资金使用中的低效率和管理上的松弛，反过来又加剧了资金的紧张状况。

很多企业在经营中常被资金问题困扰，缺钱现象十分普遍，资金问题更为严重的企业甚至已经到了死亡的边缘。

企业缺钱只是表象，本质上是这些企业缺少资金预测系统！不能预先意识到企业可能会出现资金短缺的情况，不能提前判断资金出现短缺可能发生的时间点，不能预测资金短缺的规模，自然无法提前做好融资规划和安排。最终的结果是，发现企业缺钱了，但为时已晚。

其实，企业未来所需要的资金量是可以测算出来的，资金预测就是根据企业的增长目标分析企业运营所需的现金流，结合所需要的投资匹配资金需求，便于企业决策者提前做好资金使用计划和融资安排，降低企业现金流风险。

1.资金管理的难点

资金管理松弛，造成生产经营中资金大量损失、浪费和无效使用。

资金严重短缺和资金的无效占用并存，是许多企业普遍存在的问题。许多企业在生产经营活动中不注重管理，致使生产消耗过高、大量设备闲置，大量在职人员处于停业、待业的闲置状态，造成材料、劳动力及资金的浪费。

还有许多企业在资金的筹集和使用上缺乏科学的预测和判断力。生产经营中到底需要多少资金？现有资金应该投向哪里？如何投？效益如何？资金能否充分利用？各种占用的资金如何管理？这些都缺乏一套科学而完善的措施和制度。

2.资金的动态预测

在企业的经营过程中，老板一定要知道在未来一段时间内的什么时间段有多少进账，什么时候有多少支出，要对资金的进出有一个整体的判断。

也就是说，企业需要有一套资金动态预测系统，否则资金链很容易出问题，而且一旦出现问题，将可能给企业带来致命的打击，甚至导致企业倒闭。

缺少资金动态预测系统的企业一般都会遭遇如下资金困境：

去年企业资金还很充裕，今年的资金情况就捉襟见肘；

企业投资新建的项目只进行了不到一半就进行不下去了；

财务部门总是被动付款，企业总是处于缺钱的状态，财务永远也不知道公司未来的发展与规划，不知道企业明天要用多少钱。

【案例】

曾经有一家非常优秀的火锅连锁餐饮企业，经营了将近20年，积攒下了大量的资金。该企业老板看到房地产市场非常火爆，于是就把所有的资金全部投入到房地产开发项目中，前后累计共投入7亿~8亿元。这个老板原计划是等到把楼盖完再卖掉，就能赚5亿~10亿元。这种想法叫作静态的资金推演，是指在一切顺利的情况下，事情能够按照计划进行时，才能得到的预计结果。

但不幸的是，该老板遇上了2008年的金融危机，当时的房地产业非常不景气，房价大幅下跌，很多企业的银行贷款都出现了断供。因为无法给建筑公司支付工程款导致工人停工，很多楼盘成了“烂尾楼”。金融危机期间，这位老板投资的房地产项目地基还没有完成到一半，企业就没有足够资金了，贷款批不下来，施工单位不给该项目垫资，整个工程停工了近半年。

这时，另一家房地产公司打算以7亿元的价格买走这个项目，该老板已经累计投入了8亿元。如果卖掉，就会赔1亿元；可如果不卖，形势不好面临破产，到时候资产拍卖可能连7亿元都收不回来……最后老板忍痛卖掉了这个项目。

新接盘的房地产公司继续开发该楼盘项目。到了2009年下半年房地产行业复苏并强劲增长，这家新接盘的公司赚了好几个亿。这才是笑到最后的企业。

房地产企业资金的规律是：现金先流出再流入。房地产本就是个“烧钱”的行业。所以，如果老板做资金推演时，用的是静态的思维，想的是投入多少钱到了什么时候能够赚到多少钱，而没有考虑项目能否存活到那个时候，那么资金必然会出问题。要知道笑到最后的才是真正的赢家，用静态的思维做资金推演，很容易死在半路上。

因此，对于资金紧张的企业来说，做资金动态预测非常重要。

【案例】

浙江某家企业去年在内蒙古包头市投资新建了生产金属钼的工厂，老板最初预计该厂投入7000万元就能投产。

实际的情况是土地、厂房和设备就花了8000万元，此时的企业已经再也拿不出资金去采购原料和维持工厂里正常的生产和管理开支。该企业被迫以低于5000万元的价格转让给了其他企业，一进一出就亏了3000万元。

很多企业倒闭是因为拿不出保证企业正常运转所需的流动资金，此时如果没有外部资金注入企业，那么资金链条肯定会断掉。

什么是资金动态预测呢？就是不仅要推演资金的投入与最终的回报，还要分步分期计算每一阶段的资金进与出的情况，是否会在某一个阶段内出现资金短缺或周转不过来的情况。

举例来说，“今天投入1亿元，3年后将会收回3亿元”是静态资金预测。当前每个月需要多少资金？资金怎么来？能抗到3年以后吗？考虑到每个月都有一大笔固定支出，如房租费、人工工资等，这些问题都在资金动态预算考虑的范畴之内。

3.我到底需要多少钱

静态现金流的预测，就是按静止的时间点去预测企业的现金流。

例如从宏观角度预测明年要贷多少钱，明年销售有多少回款，预测采购要付多少款。

资产负债表本身就是《公司静态资金表》，左边资产部分就是投资，即“钱花在哪儿了”。右边负债和所有者权益，就是融资，即“钱从哪里来”。下面几个公式非常重要：

营运资金＝应收账款＋存货－应付账款

流动资金＝企业里的现金池＋营运资金

资金需求＝现金池＋营运资金＋固定资金

【案例】

问题1：某位股东给公司投资了1000万元都买了设备后，账上只有10元钱，企业能运转吗？

缺少流动资金的企业很难正常运转，如果股东投资买了设备，企业货币资金就变成了固定资产。企业没有了流动资金就很难再购入原料和支付经营费用，企业经营就会因缺少流动资金陷入困境。

问题2：企业没有营运资金该怎么经营？能用客户的钱去赚钱吗？让客户先付钱，再去买材料和付工资可行吗？

企业可否用客户的钱，比如支付员工的工资或购买原材料，关键取决于企业的商业模式。客户能否给企业预先支付货款，企业能否先使用供应商的原料再付款，主要取决于企业跟客户和供应商之间的商业地位的强与弱。

如国美公司就是靠垄断的渠道不需要营运资金。国美、苏宁、连锁超市都是类金融行业，开新店不需要自己投钱，用供应商的资金就能解决开店所需的资金。

经营一家企业需要多少资金合适呢？这就需要企业做好现金预测，根据“企业运营资金需求=现金池+营运资金+固定资金”的公式原理，我们必须考虑三个方面的资金。

（1）现金池。随着企业规模的增大，需要的现金池必然增大。

（2）营运资金。只要企业存货加上应收账款大于应付账款，企业运营就必须先垫资金。例如：企业存货和应收账款比上年增加了4000万元，应付账款基本不变，企业要多投入营运资金4000万元。

（3）固定资金。如果企业明年要扩大产量需要增加固定设备，就需要增加固定资金。

企业留多少现金合适呢？太多了浪费且影响投资回报率，太少了资金链容易断裂。实际操作中企业按所处的行业特点和自身资金状况设定保留现金的比例，有三种方式：

（1）激进型：留 5% 左右。

（2）温和型：留 10%~20%。

（3）保守型：留 20% 以上。

具体需要视企业的类型和行业来定。一般情况下，越是稳定的企业留的现金反而可以少一点，生产型企业和技术型企业现金留的比例就不一样。技术型的企业核心是人，企业一定要多留资金才能留住人才。生产型企业工人占比很多，招人不难，而且可以通过厂房和设备抵押进行债务融资，解决现金短缺，因此生产型企业可以少留资金。

4.资金如何转得更快

企业营运周转是从购买原料到加工制造成品，再到销售实现资金回笼的整个过程。营运资金是指企业生产经营管理活动中投入的资金。

企业从购买原材料到付款，再到把货物卖出去收到货款，这个运营周期的长短决定了企业资金周转的快慢。运营周期越短，资金周转越快；运营周期越长，资金周转越慢。

如图 5-1 所示，企业从购货到收款的时间最长，叫运营周期，从购货到付款叫应付账款周转期，从购货到售货叫存货周转期，从售货到收款叫应收账款周转期。

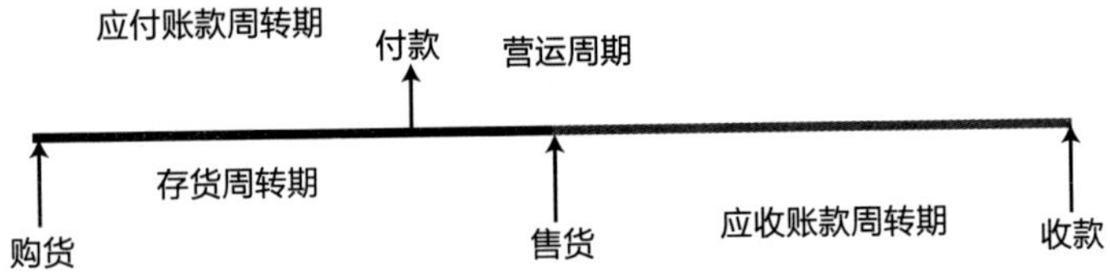

图 5–1　企业营运资金周转

假设一家企业购买了原材料，收到货物以后 30 天才给供应商付款。加工生产完毕并且卖出货物用了 60 天。销出的当天没有收到货款，而是过了 30 天才收到货款，应收账款的周转天数是 30 天。

经过计算，该企业资金运营的周期是 60 天（存货周转期 60 天+应收账款周转期 30 天–应付账款周转期 30 天）。一年按照 360 天计算，相当于一年可以周转 6 次，这是该企业一年的运营资金周转次数。

假如该企业一年有 1.2 亿元的营业额，那么每次周转需要 2000 万元的运营资金（1.2 亿元/6 次=2000 万元）。

在公司管理水平不变的情况下，公司的营运资金与销售收入成正比。如果该企业第二年想要做到 2.4 亿元的营业额，相当于每次周转需要 4000 万元的资金（2.4 亿元/6 次=4000 万元），比今年账面上现有的 2000 万元还多了 2000 万元，这多出的 2000 万元就叫资金缺口。

也就是说，企业从 1.2 亿元的营业额做到 2.4 亿元的营业额存在一个 2000 万元的资金缺口，如果这 2000 万元的资金融资到位，企业就有 4000 万元的运营资金，就可以做到 2.4 亿元的营业额。

如果企业融不到2000万元资金，这个资金缺口就无法弥补，管理效率和周转次数也没有增加，还非要做到2.4亿元的营业额，那么这家企业将会因为自己的盲目扩张倒闭或破产。

还有一种方式是利用2000万元的资金做到2.4亿元的营业额，把周转次数从6次提高到12次，那么周转天数就是30天（360天/12次=30天）。

要把资金周转周期缩短至30天，那么应收账款的天数、存货周转的天数、应付账款的天数这三个指标就要相应地缩短，这需要职业经理人和企业高管想办法解决。

提高资金周转效率，重点改善三个指标：

（1）缩短应收账款周期（最好零应收）

（2）缩短存货周转期（最好零库存）

（3）延长应付账款周转期（在不影响信用的前提下，最好是负数）

如果有一天，企业想要用1000万元的资金做到2.4亿元的年营业额，或者用2000万元做到4.8亿元的年营业额，则需要把周转速度进一步提升，也就是加强企业的运营资金管理。

为了提高周转速度，对于应付账款，不能抱着“能赖就赖、能不给钱就不给钱”的想法。企业在给客户做信用管理的同时，也要给自己做信用管理。换句话说，财务人员应该负责塑造企业的信用。

一个有信用的企业就是一个有气质的企业，当企业每次都能准时准点地给供应商打款，坚持半年，就会在供应商那里获得良好的信誉。原来供应商可能允许企业赊欠30天，积攒了良好的信誉后，供应商就会延长企业的赊欠时间，毕竟没有哪个企业愿意把守信用的客户让给自己的竞争对手。财务人员通过应付账款的管理维护了企业的信用，让企业获得了更长的应付账款期限，减少了资金占用，也是为企业创造了价值。

5.资金预测工具

动态现金流的预测，要根据设定的业务目标，按每个月、每季度，甚至每周做动态现金流预测。

假如要预测未来1~2年的现金流量，则要推算每个月、每个季度、每半年、一年的收入和支出是多少。要清楚公司的资金短缺可能会出现在哪个时间点，同时清楚公司一定要留存多少资金，除正常的业务以外，公司还有哪些大的支出。

动态现金流的预测是留有一定余地的，比如宽裕20%~30%，这样才能使公司碰到意外支出时，不至于资金周转不灵。

资金管理过程中涉及许多工具，比如余额表、银行存款对账单、银行存款余额调节表、收支预测表、现金预算表等。还有《四个星期的滚动付款预测表》，即把四个星期中每个星期需要花的钱罗列出来，汇总成一张表，这个表格在高管的经营会议中经常会使用到，见表5-2。

表 5-2 四个星期的滚动付款预测表

	3月5日星期一	3月6日星期二	3月7日星期三	3月8日星期四	3月9日星期五	本周汇总	第二周	第三周	第四周	合计
供应商 客户发票号 公司参考号 ×××××× ×××××× ××××××										
其他付款 客户发票号 公司参考号 房租 水电费 物业 押金 ××××××										
员工付款 客户发票号 公司参考号 工资 个税 社会 公积金 报销										
突发付款 备注 ×××××× ×××××× ××××××										
合计										

动态现金流量预测，可以参考使用现金流量表的工具表格的简化形式，比如现金流入、现金流出，都按每一周来预测。也可以设计一张《资金动态需求预测表》，按月预测销售收款、采购付款、支付的费用、利息和税金，预测出每个月可实现的经营性现金流盈亏情况。再加上按月预测新增融资、还贷款和新增投资，见表 5-3。把 13 个星期的情况罗列在一张表上，对资金的动态需求进行预测。

资金预测能准吗？这是许多人经常提的问题。很多企业刚开始使用表格工具的时候，结果并不是很准，但坚持使用半年慢慢就会有感觉，一般到第六个月差不多就准

表 5–3　资金动态需求预测表

项目	期初余额	1 月第 1 周	1 月第 2 周	1 月第 3 周	1 月第 4 周	1 月份	2 月份	3 月份	4 月份	5 月份	6 月份	7 月份	8 月份	9 月份	10 月份	11 月份	12 月份
现金流入－产品		100			50	150	250	274	150	80	150	100	133	300	120	56	500
现金流入－售后服务				80		80	100	121	54	29	54	36	48	108	43	20	180
现金流入小计		100	—	80	50	230	350	395	204	109	204	136	181	408	163	76	680
现金流出－原材料					−250	−250	−10	−15		−200				−100		−80	
现金流出－人员工资			−150			−150	−150	−150	−150	−150	−150	−150	−150	−150	−150	−150	−150
现金流出－水电气					−10	−10	−20	−188									
现金流出－其他费用		−5				−5	−150	−20									
现金流出小计		−5	−150		−260	−415	−330	−373	−150	−350	−150	−150	−150	−250	−150	−230	−150
经营净现金流总计		95	−150	80	−210	−185	20	22	54	−241	54	−14	31	158	13	−154	530
固定资产投资				−100		−100	—	—									
股权融资						—	—	—									
银行贷款					100	100	—	—		150				−100			−100
投融资现金流总计		—	—	−100	100	—	—	—	—	150	—	—	—	−100	—	—	−100
企业账面资金预计余额	200	295	145	125	15	15	35	57	111	20	74	60	91	149	162	8	438

了。正是由于预算本身的不确定性，所以才更凸显出经常做预算的必要性。

资金安全系统

企业资金安全系统不仅包括资金收支监控系统，还涉及现金流的预测系统、现金流的分析与管控系统、应收账款管理系统、客户信用管理系统等相关系统的衔接和配合。企业资金安全系统的建设不是一个简单的、孤立的工作，而是一个复杂的、涉及面极为广泛的、系统性的工作。它涉及企业经营管理的各个方面，包括老板和老板娘对财务工作的认识、财务人员的选拔任用与授权、企业各部门之间的配合，以及各种资金收支行为的监控等。

1.老板娘“管钱”对不对

在中小民营企业，由老板娘当出纳管钱很常见，尤其在浙江温州等沿海城市更是常见。“老板娘当出纳，老丈人看大门”，一个管钱一个管物，已经成了中国中小民企的一道独特的风景线。

那么老板娘管钱对不对？经研究分析发现，其实这一问题并没有对错，关键看企业处于哪个阶段！

企业处于不同的阶段需要不同的资金管理方式。在企业发展初期，规模较小时，老板娘管钱还是可以的。一笔一笔核对，安全性最好。

当企业规模大了之后，业务变多了，还没等弄明白这笔业务，下一笔业务就进来了，根本没有时间和精力去管这钱花得合不合理，更不用说去考虑资金的安全和使用效率。这种状态下，老板娘也只能管到资金的进出，根本管不了资金该不该用、该用多少、该什么时间用这些问题。

所以，老板娘管钱并无对错之分。重要的是无论谁管钱一定要建立起行之有效的监控机制，使企业所有的收支行为都在监控机制下运行。只有这样，才能既让老板娘得到解放，又能确保企业资金的安全。换句话说，建立了安全的资金管理系统，老板娘当出纳和其他人当出纳是完全一样的，没有任何区别。

2.这样管钱才安全

现金属于企业的高风险资产，出纳是企业的关键岗位。资金内控出现问题一般都与出纳有关，企业应当建立完善的现金内控管理流程，构建公司完整内控体系。现金内控流程包括库存现金、银行存款、现金流入、现金流出四个方面。

做好现金内控，要从以下几个方面入手：设定不相容职责，建立轮岗制度；建立印鉴使用管理制度；建立内部稽核制度；建立现金盘点制度；建立支票等结算票据管理制度；建立银行账户管理制度；建立收支两条线原则，禁止现金的坐支；制定库存现金保管制度及库存现金日报表。

实现资金安全管控，首先要设计资金的内部控制，且必须要遵循以下 6 大原则。

（1）不相容岗位设定原则。

所谓不相容岗位，是指如果集中于一个人或岗位办理，会增加错误与舞弊发生的机会，或者增加掩盖错误与舞弊的可能性。如会计和出纳就是不相容岗位，因此必须是两个人担任。管钱的不能管账。出纳不能做账，银行日记账、现金流水账可以由出纳登记，但必须有专人负责审核和核对。

因此，为了有效地防止、发现和纠正错误与舞弊，企业的所有不兼容职务原则上都应当分别由不同的人员或工作岗位来担任和执行，这是能够形成相互制衡的控制机制的重要基础。可以说，离开了不相容岗位相分离这一基础，资金的内部控制就难以建立和有效运行。

一般企业进行各项经济业务的职务大体上可以分为：授权批准、业务经办、会计记录和稽核检查等四种。在这四类职务中，除了授权批准和稽核检查具有兼容性可以兼任外，其余各种职务之间都是不兼容的，应当予以分工执行。具体到更容易出现错误与舞弊的货币资金业务而言，支出的授权审批、资金的出纳和保管、会计记录和稽核检查一般都应当予以分工负责。

（2）收支两条线原则。

收支两条线是指一家企业或单位对自己的资金收入和资金支出的行为，分别采取互不干涉或互不影响的单独处理流程和处理路径的一种资金管理模式。对企业资金进行集中式的管理，不允许出现下属单位坐支收入的现象发生。

资金管理有一个很重要的原则：企业进钱可以多条路，出钱只有一条路。

（3）印鉴分开保管原则。

公司财务印章包括：财务部行政章、财务专用章和财务用公司法人或其授权代表人印章（简称人名章或代表人印章）、发票专用章、财务人员个人印章。

财务印章管理原则：分开存放保管、监督审批使用、台账登记备查。

财务印章由财务部门指定人员负责保管，预留银行印鉴必须分人保管。保管人员收到印章后，必须进行登记，填写好《财务印章保管登记表》。财务专用章由财务部门负责人保管，法定代表人印鉴由出纳负责保管，发票专用章、财务部行政公章和其他财务印章由财务部门负责人或授权主管会计保管。

建立《财务印章使用登记簿》，对每一笔特殊事项加盖印章进行登记，注明使用对象、使用事项、经手人、金额及其他事项。

（4）现金监盘原则。

现金监盘就是对企业现金进行盘点，企业里一定要坚持每天做现金盘点。会计对出纳的盘点监察，分为定期和不定期两种。尤其是不定期进行现金盘点是防范内部可能出现现金舞弊最有效的方式。有些企业的财务人员没有养成盘点的习惯，理由很简单，出纳是老板的亲戚，于是会计不好意思提出盘点，好像不信任老板亲戚一样。我在给企业做财务咨询的时候，会把这些整理成管理制度，会计和出纳只要按照制度办事就好了，不会存在不好意思的情况。

库存现金的盘点，通常包括对已收到但未存入银行的现金、零用金等的盘点。在进行现金盘点前，应由出纳员将现金集中起来存入保险柜。必要时可以加封，然后由出纳员按已办妥现金收付手续的收付款凭证逐笔登账，如企业现金存放部门有两处或两处以上者，应同时进行盘点。由出纳员根据现金日记账结出现金余额。盘点保险柜的现金实存数，同时编制《库存现金盘点报告表》，分币种面值列示盘点金额。

盘点金额与现金日记账余额进行核对，如有差异，应查明原因，并做出记录或相应调整。若有冲抵库存现金的借条、未提现支票、未作报销的原始凭证，应在《库存现金盘点报告表》中注明或做出必要的调整。

（5）《银行存款余额调节表》由会计编制原则。

编制《银行存款余额调节表》是企业对货币资金进行管控的重要环节，通过核对发生的每一笔银行结算业务，以达到企业银行日记账和银行对账单一致的效果，保证企业银行账和银行存款余额相等。

许多中小民企极少做银行存款余额调节表，老板管钱、老板娘管钱的企业就更不做《银行存款余额调节表》了。

调节表必须由会计完成，而非由出纳编制。因为出纳既要进行银行存款的收付，又要登记银行存款日记账，再进行编制《银行存款余额调节表》显然是不合适的，在监督和内控上容易产生舞弊现象。

银行对账单也应由会计亲自到银行提取。有的企业，因为出纳人员经常跑银行，就让出纳顺路把银行的对账单带回来。这种做法会导致出纳人员发生舞弊而会计人员很难发现。最好的方法是在现金内控制度中规定，会计人员要时不时去银行取对账单并且编制《银行存款余额调节表》，或者用网银U盾检查银行流水。让会计、出纳相互牵制，目的就是将不相容职务分离，一项业务由多人处理，实现内部工作岗位间的相互监督和控制。

调节表必须在每月结账后的两个工作日内完成，会计和出纳必须在《银行余额调节表》上签字，再由财务经理审核后签字。《银行余额调节表》上的未达款项前面全部加注未达原因。

（6）资金内部稽核原则。

货币资金业务不相容岗位包括：货币资金支付的审批与执行；货币资金的保管与盘点清查；货币资金的会计记录与审计监督。出纳人员不得兼任稽核、会计档案保管和收入、支出、费用、债权债务账目的登记工作。严禁未经授权的部门或人员办理货币资金业务或直接接触货币资金。

对办理货币资金业务的人员实行定期岗位轮换制度。对关键财会岗位，实行强制休假制度，并在最长不超过三年的时间内进行岗位轮换。一般的企业总是选这几类人担任出纳：财务部水平最低的、刚大学毕业的、新入职的。老板最信任的。但是在华为公司，其出纳选择的都是研究生毕业的非常优秀的人才。华为公司创始人任正非说：“出纳是企业资金风险的最后一道防线。”

3.企业如何不缺钱

曾经有个老板问我，怎样做才能不缺钱？

不缺钱有很多种办法，从企业内部运营管理的角度来讲，想要不缺钱，就不要犯错误，比如不要过度投资、不要过度负债、不要过度运营、不要过度赊销、不要过度压货、不要轻易出现经营不善、不要出现突发事件等。只有这样，企业才会进入不缺钱的运营管理状态中。

（1）不要过度投资。

我见过太多的老板盲目扩张，看到好项目头脑一热就投钱，最后“烧”光了资金。浙江有一个做电动工具的老板，完全不懂网络游戏，却投资7000万元做网络游戏，中途遇到了瓶颈。项目还没有研发成功，当初投资的7000万元已经“烧”光了，是否继续投资呢？如果不继续投资，之前的付出就打了水漂，如果继续投资，一下子要拿出5000万元，而且接下来的结果谁也不好说。

所以老板在投资的时候，一定要谨慎，企业没有经营好，最多只是亏损，可是企业没有投资好，就可能直接倒闭。

（2）不要过度负债。

有些企业负债以后，找银行借新钱还旧债，后来银行也变聪明了，一定要企业先还清旧债才能借新钱。万一有一天企业还了旧债却借不来新钱，那企业的资金链马上就断了。

（3）不要过度运营。

过度运营就是扩张速度过快，比如去年做了6000万元的营业额，今年非要做6亿元的营业额。对于咨询等轻资产行业，几十倍的增长还有可能实现，但是对于某些需要增加固定资产投资的行业，扩张太快会让企业死得更快。

（4）不要过度赊销。

有些企业赊销的目的是拉高营业额，觉得提高营业额就能提升市场竞争力，会更有规模效益，却忽略了过度赊销也会让企业缺钱。

（5）不要出现经营不善。

经营不善会导致企业亏损，没有利润。

（6）不要有突发事件。

有一家天津的企业突发大火，赔款的时候，花光了现金流，给企业带来了巨大的困难。

4.资金安全管理方案

资金的安全管理方案制定与完善主要从四个方面进行：

（1）梳理目前现金管理状况，并进行评估；

（2）汇总目前现金管理存在的问题和不符合规则点；

（3）搭建现金管理制度、流程及表单，比如审批制度、日常管理制度、会计岗位管理制度、票据制度、收据制度、印章管理制度、货币资金稽核制度；

（4）执行新的现金管理流程，并对执行情况进行评估，进一步完善。见图5-2。

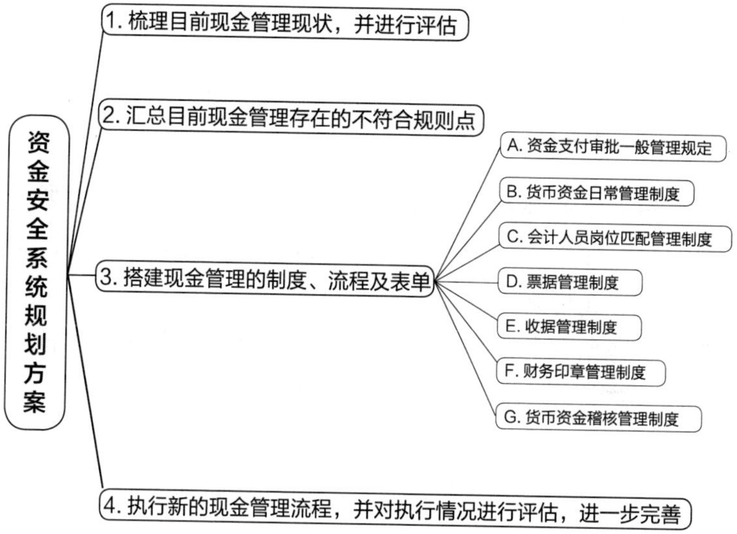

图 5–2 资金安全系统规划方案

客户信用系统

经常看到很多企业中的业务员给出客户欠款的理由是："企业的欠款完全是客户的原因造成的"，理由如下：客户不讲信用，客户有欺诈；客户的财务和内部管理太差；客户对账没对完；客户借口产品质量有问题……如此种种，都是在从外部找理由，而事实上绝大多数欠款是企业自己的内部管理出现了问题！

企业要建立客户信用系统，要建立应收账款管理体系，同时也要把存货管理、应付账款等运营资金的管理，纳入客户信用系统中。

1.应收账款的管理

很多企业都存在应收账款，其原因是企业迫切要做大营业额，如果一手交钱一手交货可能会损失部分客户，于是企业就允许客户赊欠一两个星期，甚至是一个月，以拉拢客户，尤其是那些暂时资金紧张的客户，从而扩大销售收入。这就相当于企业给客户提供无息贷款或无息投资，从而换取市场份额。

有一句话是这样说的：一笔应收账款收不回来，十笔业务白做。假如一家企业的利润率是10%，有一笔1000万元的应收账款没有收回来，那么企业至少得做1亿元的营业额才能赚回这1000万元。

应收账款给企业带来的好处有：提升营业额、增加销量、增加市场占有份额。但是应收账款也给企业带来了很多坏处：企业要定期对账、派人催收，甚至发起诉讼，这些都会导致高额的管理成本；应收账款会导致很高的资金占用成本；一旦应收账款收不回来，损失成本也非常高。

应收账款管理有很多的手段与工具，具体可以按以下步骤执行。

（1）建立信用管理制度。

应收账款管理分为事前、事中、事后的管理。

事前管理：了解客户、预防风险；

事中管理：监督客户、降低风险；

事后管理：及时补救、减少风险。

规范和引导销售行为，有效地控制商品购销过程中的信用风险，减少销售过程中产生的坏账，必须健全企业的信用管理制度。

（2）建立客户审查、授信。

对客户进行资信调查，建立客户信用档案，并进行日常化管理，定期审核客户信用和调整客户授信额度。

（3）建立应收账款记录。

财务部每月将前期销售客户应收账款进行统计，并做账龄分析，依欠款期限分别分类列明细表。

（4）控制发票的质量。

（5）货到日查询和货物满意度查询。

（6）客户往来对账。

（7）提醒客户付款到期日。

（8）到期日的催收。

（9）报告到期未付情况。

（10）逾期应收账款管理。

2.客户的信用管理

我们要控制客户的应收账款风险，往往是通过完善的信用管理制度来实现的。所谓信用管理，就是罗列一些标准指标，如设定“客户的规模、管理水平、系统完善程度、利润、成立年限、国籍、历史情况”等若干指标，再给每个指标划分相应等级和打分，给每一个客户打分完毕后进行信用授权。

（1）客户档案管理。

企业内部应建立客户的档案数据库，使每个客户都有一个档案号。对新客户必须通过多种渠道进行调查，包括直接索取和间接调查；老客户则过一段时间复查一次，一般是半年一次。获得客户数据后，必须把资料整理加工，为每一个客户评估出一个信用额度，按照评估的结论决定赊销方式。

（2）客户信用分析。

通过全面收集客户信息，分析客户的信用状况，按分析结构给客户评定信用等级，按照统一的财务与非财务指标及标准，以偿债能力和意愿为核心，从信用履约评价、财务能力评价（偿债能力、盈利能力）、经营及发展能力评价和综合评价（综合评价包括领导者素质、管理水平、发展前景和与本公司业务合作情况）等四个方面，对公司客户进行综合评价和信用等级确定。按信用分析的结果将客户的信用等级分为：A+和A、B、C共四级客户，相应代表客户信用程度的优、高、中、低四级。

（3）客户信息资料的收集渠道。

收集客户信息资料的渠道包括：客户介绍、中介机构介绍、网上资料、直接接触客户、历史交易信息、征信公司调查报告等。其中比较容易做到的是由销售人员定期收集客户的信息，设定回访制度或信息回传制度，保证可以及时了解客户的信息。

比如某汽车4S店授予经销商汽车代销权时，做几个防范措施：合格证保留在本公司；保证金制度；定期回传实时照片；控制汽车油箱内油量不超过 10 元；合同约定汽车所有权限；每两周盘点制度。

（4）客户信用额度的确认。

对照其他赊账企业信用额度，从低信用额度开始逐渐提高。根据客户净资产、客户平均流动资产的一定比例或参加社会上的可参考信用评级计算。

3.信用管理方案设计

（1）建立全面应收账款管理机制和制度。

企业必须建立应收账款管理机制和制度，规范应收账款日常管理，健全客户信用管理体系，对应收账款在销售的事前、事中、事后进行有效的管理。应收账款的管理部门为公司的财务部门和销售部门，财务部门负责应收账款的额度及账龄管理，销售部门负责与客户的联系和款项催收。

财务部门要定期对应收账款进行核对，每月必须同业务部门核对一次账目以避免造成单据、金额等方面的误差；如有对账差额的，应查明原因，并填写《应收账款余额调节表》。

应收账款的客户对账：业务部门每月必须同客户核对一次账目。对于非营运商客户，对账后要形成具有法律效应的文书，如经双方盖章确认的对账单等；对于营运商客户，则以核对合同条款，确认付款期限为主。

（2）建立客户信用管理评级机制和制度。

公司建立客户信用等级和授信管理制度，选择信用良好的客户进行交易。从初识客户到维护老客户，业务人及经办业务的各级管理人员都应全面了解客户的资信情况。

（3）建立收集客户信息、客户信用信息档案制度。

客户资信调查要点主要包括：客户基本信息；主要股东及法定代表人和主要负责人；主要往来结算银行账户；企业基本经营状况；企业财务状况；本公司与该客户的业务往来情况；该客户的业务信用记录；其他需调查的事项。

密切注意客户的支付能力进而控制客户风险，并不会妨碍销售的增长。因为这样做不仅可以通过避免一些不必要的成本增加利润，而且可以通过把销售努力集中于前景良好的客户增加销售机会。相反，进行有效的信用控制，销售反而会增长，因为信用评估使客户风险程度更加清晰了，从而使销售努力集中到更好的客户上。

【案例】

东莞一家企业，业务人员在开发客户和争取订单的过程中，基于对开发业务的考虑，往往忽视对客户的全面考察，在缺乏对客户信用了解的情况下贸然签约，或迫于竞争压力和开拓市场的急切心情，与信用不良的客户签约，结果导致企业损失5000多万元。

经财务咨询师分析发现，由于客户选择不当造成的不良应收账款，占了企业逾期应收账款的绝大部分。因此，签约前的风险控制是企业的控制重点。

建设整改工作包括：通过对客户的初步筛选，排除掉交易价值不大和风险明显较大的客户，选择有潜力客户和风险不确定客户进行资信调查。调查时广泛利用企业内外部渠道，以确保客户信息的完整和准确。有关客户信用信息的收集、使用和维护，有统一的管理规定和制度，这些规定和制度要明确到具体的业务流程中，并辅助考核和激励措施。

（4）确定公司应收账款政策和客户信用计算方法。

公司高层要做出应收账款的战略决策，比如客户的账期是多长时间。这个决策还需要动态调整，因为今年公司要拓展市场，可能公司的战略决策是应收账款期限 120 天，明年因为有了市场规模，公司需要现金回流得更快，公司又要求将应收账款期限调整到 60 天。

（5）建立逾期应收账款催收机制和制度化。

应收账款过了 2 年就是过了法律诉讼时效，因此企业必须建立健全逾期应收款催收机制并制度化，严格执行。

（6）建立坏账审批标准和考核机制。

坏账损失与业务员绩效挂钩：业务员应收账款收不回来考核就归零了。应收账款因赊销而存在，所以，应收账款从产生的那一天起就有可能收不回来的风险，即发生坏账的风险，可以说坏账是赊销的必然结果。

对于整个赊销而言，我们可以将个别坏账理解为赊销费用，为了减少企业的损失，根据配比原则，发生的坏账应同收益进行配比，从收益中扣除，从而列示企业的实有资产，同时不虚夸所有者权益及收益，这也是谨慎性原则的要求。

企业对坏账的处理有直接核销法和备抵法两种，比较而言，备抵法更符合配比原则与谨慎性原则，因而多受到财务人员的青睐。备抵法又分为赊销百分比法、应收账款余额百分比法和账龄分析法，三者各有优缺点。对这些方法，不同的人有不同的偏好。实行严格的坏账核销制度，主要包括以下三个方面的内容。

准确地判断是否为坏账，坏账的核销至少应经两人之手。准确地判断坏账及其多寡并不是一件容易的事情，而两人以上的经手减小了舞弊发生的可能。比如某位销售员把已收回的应收账款装入自己的口袋，却向上级申报为坏账。

在应收账款明细账中应清晰地记载坏账的核销，对已核销的坏账仍要进行专门的管理。只要债务人不是死亡或破产，只要还有一线希望，我们都不能放弃。同时还为以后的核对及审查留下信息。

对已核销的坏账再重新收回要进行严格的会计处理，先做重现应收账款的会计分录，后做收款的会计处理。这样做有利于管理人员掌握信息：客户希望重塑良好形象的愿望。

（7）实行严格的内审和内部控制制度。

应收账款收回数额及期限是否如实，关系到企业流动资金的状况、企业生产的决策、信用客户的形象和内部控制对贪污及挪用企业款项的抵制等。因此，为维护资金的安全运行，对应收账款应实行严格的内审和内部控制制度，其内容包括以下几点。

明确责任。要想进行成功的控制，最重要的一个因素就是人。不合格和不诚实的员工会削弱一个系统的作用。雇用、训练、激励和管理员工是一项基础工作。必须视个人的能力、兴趣、经验和可靠程度的不同，分别授予他们权利、责任和义务。责任意味着将任何一项行为尽可能地追溯到底，这样，其结果就同个人联系在一起了。将责任固定下来，还可对雇员产生心理影响，促使他们不得不小心行事和注重效率。

责任分离与岗位替换。分离责任不仅有助于保证精确地编制数据，还限制了需要两人或多人合伙才能舞弊的机会，这是一个异常重要而又经常被人忽视的要素。岗位的替换可以带来两个好处：第一，至少保证有两名雇员知道彼此做同样的工作，当其中一个因故不能出勤时，另一人可以及时补上；第二，采用轮换制度可以预防舞弊行为的发生，因为当替补人员接替工作时可以很容易地发现前任的不轨行为。

坏账核销凭证完备，要有完整的程序。坏账的核销要有依据，对于永久性坏账的核销要有客观的媒体报道，如债务人的死亡或破产。对于估计的长期无法收回的坏账，核销后应专门登记，并仍派专人负责进行催收，定期核对，避免贪污行为的发生。

对赊销的权限进行监督。赊销及征信部门有权决定赊销的对象及数量，但决定必须建立在对信用资料分析的基础上。而且，其权力属于全部门，个人的权利不能凌驾于集体之上。

合理运用法律手段。企业的经济活动受法律约束的同时，法律也会保护企业合法的经济活动。所以，维护应收账款的完整，企业不能离开法律这一有效武器。

首先，应规范销售合同。销售部门应同财务部门、生产部门和法律部门共同制定销售合同，完善合同的内容，明确各方的责任和义务，尤其是违约条款的相关规定等，以避免日后产生纠纷。对于信用级别较低的客户，可以采用有担保销售和不赊销。

其次，定期对账催账后要取得具有法律效力的书面文件，避免口头承诺。

最后，对于陷入债务危机的客户，如其没有发展潜力，应及时启动债权人申请破产程序，以减少损失；如其有发展潜力，应合理有效地利用债务重组等方式挽救自己的损失。

4.客户信用评价模板

信用标准是企业决定授予客户信用所要求的最低标准，也是企业对于可接受风险提供的一个基本判别标准。

信用标准较严，可使企业遭受坏账损失的可能性减小，但会不利于扩大销售。反之，如果信用标准较宽，虽然有利于刺激销售增长，但有可能使坏账损失增加，得不偿失。可见，信用标准合理与否，对企业的收益与风险有很大影响，企业需要一个明确的尺度作为判断的依据，它告诉企业应如何运用商业信用，应如何拒绝客户赊账的要求。

信用条件是企业赊销商品时给予客户延期付款的若干条件，主要包括信用期限和现金折扣等。信用期限是企业为客户规定的最长付款期限。适当地延长信用期限可以扩大销售量，但信用期限过长也会造成应收账款占用的机会成本增加，同时加大坏账损失的风险。

为了促使客户早日付款，加速资金周转，企业在规定信用期限的同时，往往附有现金折扣条件，即客户如果能在规定的折扣期限内付款，则能享受相应的折扣优惠。折扣优惠往往由折扣率与折扣期限两者构成，一般折扣率越小，折扣期限就越长；折扣率越大，折扣期限就越短。在实务中，客户往往也会争取现金折扣，是否向客户提供现金折扣，关键仍在于成本效益的分析，即提供折扣应以取得的收益大于现金折扣的成本为标准。

下面是客户信用评分与授信登记标准与某企业的客户信用评价模板。

表 5-4　客户信用评分与授信等级

等级	得分	授信政策
A	90~100	100%
B	80~90	80%
C	70~80	60%
D	60~70	40%
E	50~60	20%
F	50 以下	0

使用方法：

假设信用标准是 200 万元，那么 80 分的客户可以赊欠 160 万元。不同的客户得分不同，用客户的得分乘以 200 万元，就得出该客户可以赊欠的余额。

假如一个客户的允许赊欠额度是 160 万元，该客户第一次购买的货物是 150 万元，则允许赊欠。第二次购买的货物是 20 万元，累计达到 170 万元了，超过了 160 万元的信用额度标准，则这 20 万元的货物不允许全部赊欠，最多允许再赊欠 10 万元。

表 5-5　某企业客户信用评价模板

评分标准	评分指标信息描述	分值
业主个人品质	好	10
	中	5
	差	1
与公司合作年限	>5 年	10
	3~5 年	7
	1~3 年	4
	1 年内	1
净资产	1000 万元以上	10
	500 万~1000 万元	8
	200 万~500 万元	6
	50 万~200 万元	3
	50 万元以下	1
上年度销售额－看行业	>5000 万元	10
	1000 万~5000 万元	7
	100 万~1000 万元	4
	100 万元以下	1
毛利率	15% 以上	10
	7%~15%	7
	3%~7%	4
	低于 3%	1
速动比率	>1.5	10
	1.1~1.5	8
	0.9~1.1	6
	0.7~0.9	4
	0.5~0.7	2
	<0.5	1
客户国籍	发达国家	10
	中等发达国家（西班牙、意大利、葡萄牙等）	7
	墨西哥、南美、亚洲相对发展较好国家	4
	落后国家、菲律宾、越南、非洲国家等	1
抵押	有	10
	无	1

|第六章|

C A I W U D E L I L I A N G

财务管控体系

6

财务管控系统建设规划方案

账务管控系统，也叫“大财务管控体系”或“管理会计系统”。

管理会计，近几年异常火热。甚至有软性广告文章称，“管理会计师年薪80万元起”。虽然这个说法有些片面，但也不无道理。如果一个财务人员的综合素养、职业管理能力、情商和沟通能力都足够，再加上掌握了管理会计体系，年薪80万元的确不是一件难事。

但是在民营企业中，用“管理会计”这个词，不如“财务管控”或“大财务”更加通俗、更易被老板或财务人员接受，所以我们在全国各省给老板和财务人员讲课时，更愿意用“大财务”或“财务管控”一词。

管理会计（财务管控）与财务会计有什么区别？这也是许多财务人员在看到管理会计时经常提出的问题。我们习惯把管理会计视作“大财务”，把财务会计视作“小财务”。说得更加清楚一点，财务会计主要是从国家的角度，考虑怎么向企业征税和数据统计的问题。而管理会计更多的是从老板的角度，考虑怎么帮助企业多赚钱、增加现金流和减少风险的问题，换句话就是想办法让公司更值钱。

当然，财务会计是管理会计（财务管控）的基础。

财务管控，并非是独立的管理体系，它同时融进前面的财务战略体系中。如成本管控与账务核算、财务分析是紧密结合的，内控系统也是贯穿在业务流程、账务核算及资金管理之中的。

不得不承认，我们去企业做财务辅导和咨询时，如果企业在账、钱、税等方面的系统建设不完善的话，很难在财务管控系统方面有太大的完善和提升。

在财务管控系统方面，要解决许多企业实际存在的关键问题。如：

• 财务数据如何被管理层使用？为什么要做账？怎么提高报表的利用率？

• 如何用财务数据打通财务与业务的关系？怎么做财务分析？分析哪些东西？精选哪些指标？如何从数据中发现业务存在的问题？

• 如何让公司更加值钱？提升企业价值的相关因素有哪些？从哪些地方入手？如何提高股东投资回报率？拥有多家公司在财务管控时如何做价值引导？

• 如何控制成本？控制哪些成本？控制到什么程度？谁来控制？怎么控制？有哪些控制手段？如何定价？如何建立成本的分析与反馈机制？

• 企业有哪些风险？如何降低企业的风险？不同的风险怎么处理？有哪些控制风险的手段与工具？什么是风险地图？

• 如何建立企业的内部控制体系？企业有哪些漏洞？

为什么会产生舞弊和腐败现象？有哪些常见的内控漏洞和案例？

• 怎么做预算？为什么要做预算？预算有什么作用和好处？预算与计划、绩效的关系是什么？预算的编制流程？预算的起点？预算的组织与管理？预算的质询？预算的分析与反馈？预算是否有指导手册？

……

上述这些问题，仅仅是极少的一部分问题。建立企业的财务管控体系，可以说是一个不小的工程，涉及企业的方方面面，包括人财物、产供销、流程、制度、IT系统等。

表6-1是某企业的财务管控系统建设规划方案，以供参考。

表6-1 财务管控系统建设规划方案

总责任人		小组成员	
具体方案完成时间		方案落地完成时间	
编号	**方案具体内容**	**成果**	
1	建立、完善分析、报告与决策支持系统	《财务分析报告制度》《财务预警指标体系》《管理驾驶舱体系》《经营分析报告模板》等	
2	建立、完善价值管理系统	《价值升级路线图》《市值管理方案与模型、指标体系》《投资分析模型》等	
3	建立、完善成本管控系统与产品定价系统	《成本树分解模型》《成本结构分析表》《成本分摊模型》《定价策略分析表》《费用预算工具表》《成本管控制度》等	

（续表）

编号	方案具体内容	成果	
4	建立、完善风险管理系统	《风险清单》《风险地图》《风险应对与管控手册》等	
5	建立、完善内部控制系统	《内部控制制度手册》	
6	建立、完善预算管理工具与目标系统	《预算管理指导手册》	
7	制定工具构成方案	《财务管控体系工具设计方案》及相关工具	
8	制定制度、流程建设规划	《财务管控体系制度、流程建设方案》及相关制度、流程文本	
9	……	……	
方案设计者		落地负责人签字	
审核人签字		批准人签字	

说明：

（1）规划方案可以用Word/Excel/Mind Manager思维导图等各种形式来展示或撰写，也可以用空白纸手写，形式不限。

（2）定人、定时、定地、定事、定方法，方案要具有实际可操作性。

决策支持系统

决策支持体系是财务系统中距离老板最近的一个系统。财务部门做了很多财务工作，梳理了大量的财务数据，这些数据能否支持老板的决策变得尤为重要。

1.财务预警系统

运营企业就像开汽车一样，汽车前面有仪表盘和各种指示灯可以起到提示作用，前排驾乘人员没系安全带汽车会滴滴响，车启动时手刹没有松到底指示灯会亮……这些声音和指示灯就是汽车的预警体系。

财务预警体系是一个综合的情报与信息反馈体系，也有多项工作可以实施，其中一个方案就是设定“财务预警指标”体系。

财务预警可以通过多种方式进行，如ERP信息系统、业务管理软件、财务软件系统等，甚至可以通过Excel电子表格软件系统设计提示功能。

图6-1中共有三种线，分别是预算线、预警线、整改线。正中的是预算线，就是财务数据，如收入或成本费用的一个预算基准线。预算线上下各有一条“预警线”，当预算往上偏离5%或往下偏离5%时，会触发“预警线”，向我们发出警告。当预算往上偏离10%或往下偏离10%时，

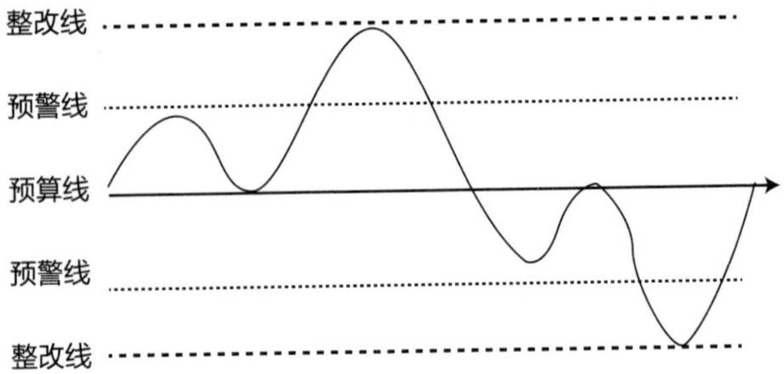

图6-1 财务预警系统

会触发“整改线”，向我们发出严重警告并要求我们立刻整改。

举个例子，某公司营销总监非常关注“业务目标达成率”“某产品销售业绩占全部业绩的比重”“回款占销售额的比例”这三个指标，那么就可以给这三个指标设计相应的预警标准。如销售部门的业绩总达成率在80%以上就是正常的，低于80%就要报警；销售部门还要控制所有产品的销量，不能只卖销路好的，不理睬销路不好的，单一产品的比重不能超过60%，超过60%就要报警；当月回款率必须在98%以上；等等。详见表6-2。

通过这样一系列各个部门的预警指标，可以让管理层及时了解企业经营的各种数据及进展情况，及时召开会议调整决策或方案，以保证企业各种综合数据与战略目标的达成。

表6-2 某公司“营销总监财务预警指标”体系

预警项目	关注点	以下标准内正常，否则报警提示
销售业绩	总达成率；产品比重	总达成率>80%；甲产品比重<60%
回款率	占销售额的比例	当月回款>销售额的98%
营销费用	实际与预算比较，或占销售额的比例	费用占销售额的比例<35%
应收账款	欠款期限，欠款金额	欠款期限<90天；欠款金额<信用限额
员工欠款	欠款期限，欠款金额	欠款期限<60天；拥有借款次数3次
成品库存	库存量与销量之比，近效期库存	库存成品<2个月；效期>12个月

2. “管理驾驶舱”体系

汽车和飞机的仪表盘上有很多指示灯，每一个指示灯都能反映该驾驶工具的一个问题。企业构建了预警系统的管理驾驶舱，老板就不用关注所有的数据，只关注眼前的几个“指示灯”即可，哪个指标出了问题，哪个指示灯就亮起来。通过这种方式让老板轻松驾驭企业。

【案例】

一家做钢材贸易的企业老板是一个非常有能力的女性，她给我讲了她的一段经历。这个女老板独自经营这家企业好多年，有一段时间太累了，就想去美国休息一年，请了一个职业经理人即她的高中同学担任总经理帮她打理企业。当她一年后从美国回来的时候，发现她的这家企业濒临倒闭。

原来，她在美国的时候，财务总监每月给她发财务报表，但是她看不懂财务报表，刚开始还会看两眼，后来干脆就完全不看了。每次打电话回国，总经理和财务总监都是报喜不报忧。尤其是总经理，他觉得老板作为一个女人都能把企业经营得这么好，自己身为一个男人，应该比她做得更好才是。

女老板一走，总经理就召集大家开会，制定销售目标，定完目标以后发现目前的存货不够卖。于是，总经理做的第一件事情就是大量进货。然而，货物进来以后，销售却不像总经理预期的那样。这些钢材根本卖不动，因此有客户来买钢材的时候就跟企业讲价。总经理为了赶快把货物卖掉，在谈判的过程中出现了失误，以很低的价格就把钢材卖掉了，甚至有些客户提出赊账的要求，总经理也答应了。总经理为了拿回应收账款，又不得不给回扣、请吃饭、搞公关，这样一来又产生大笔费用。得知老板即将回国，总经理和财务总监又在老板不知情的情况下借了一笔高利贷。

老板回国后用了将近一个月的时间处理企业遗留的问题，不停地催钱、筹钱还高利贷。期间她听了我的财务课，我给了她七个指标，让她建立起管理驾驶舱，这七个指标分别是销售收入、毛利率、销售净利率也叫费用负担率、应收账款的平均账期、存货的周转期或叫 30 天以内的存货占比、经营活动净现金流和人均单产。

如果这个女老板能看懂管理驾驶舱的七个指标，当货物卖不动的时候，她能通过销售收入看出问题；当总经理以低价销售钢材的时候，她能通过毛利率看出问题；当总经理同意赊账销售的时候，她可以通过应收账款和经营活动的净现金流发现问题；当总经理开始给回扣搞公关的时候，她可以通过费用负担率或销售净利率发现问题；当企业出现资金紧张的时候，她可以通过存货周转期及经营活动净现金流发现问题。

也就是说，老板不用看其他数据，只看这七个指标就能发现企业存在的问题。也不至于她离开一年，企业就濒临倒闭。

建立这样一个驾驶舱对财务人员来说是非常简单的事情，但是对于老板的决策支持至关重要。

浙江有一个做安全门的老板，上完我的课后学会了使用“驾驶舱”，觉得非常好用。回到企业以后，不但组织建立了属于他自己的“董事长驾驶舱”，还建立了“总经理驾驶舱”“老板娘驾驶舱”“事业部总经理驾驶舱”，以及各部门总监的“驾驶舱”等。这样，每个高管都可以根据自己的岗位和看到的数据去做相应的决策。

表 6-3 是某个制造企业的“总经理驾驶舱”，一共有 13 个指标，分别是：销售订单（销售量）、销售收入、毛利率、新产品发布进度、收入确认至收款的周期、库龄 90 天以上的存货比率、每一元收入所负担的费用、营业利润率、净现金流、人均收入额、员工总数、用户满意度和员工满意度。这张以报表形式呈现的“驾驶舱”，虽然不那么美观，但是功能很全面。老板可以通过这 13 个指标了解企业在整个经营管理过程中最关键，也是自己最关心的数据。

未来，企业可以开发一款手机APP的软件，可参考图 6-2 到图 6-5，让老板在手机上看到像汽车或飞机一样的“驾驶舱”，每一个指示灯代表一个指标，指示灯绿色表示正常；指示灯黄色代表有些指标需要注意；当指示灯变成红色就要及时整改。

3.财务分析系统

财务分析系统，是让财务人员做的账转变成老板做决策的依据，财务分析系统是一个比较大的系统，既有基于财务报表的分析，也有基于业务数据的分析。

表 6-3 某制造企业的“总经理驾驶舱”

	1月	2月	3月	4月	5月	6月	7月	8月	9月	10月	11月	12月	合计
销售订单，销售量													
销售收入													
毛利率													
新产品发布进度													
DSO（收入确认至收款的周期）													
库龄 90 天以上的存货比率													
每一元收入所负担的费用 销售及市场费用 研发费用 管理费用													
营业利润率													
净现金流													
人均收入额													
员工总数													
用户满意度													
员工满意度													

图 6–2　财务分析系统（1）

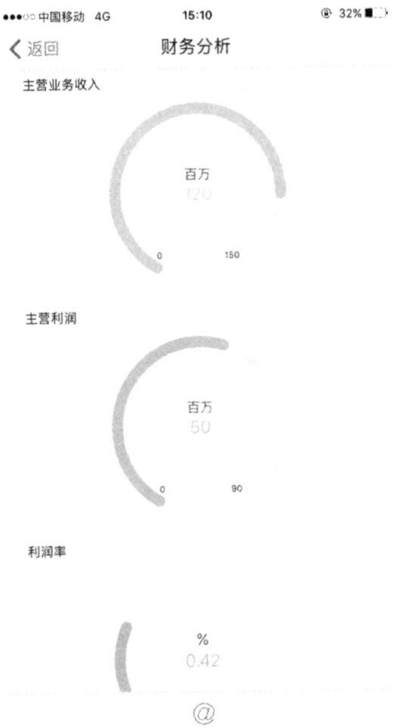

图 6–3　财务分析系统（2）

从某种角度上讲，“报表”是分析结果的呈现。但是很多企业财务人员做的报表让老板看不懂，问题究竟出在哪里呢？有人觉得是老板的问题，有人觉得是财务人员的问题。其实，两者都有问题，老板的问题在于自己看不懂报表还不学习；财务的问题在于没能做一个让老板一看就明白的财务报表或财务分析报告。

（1）管理报表本身就是财务分析。

财务报表分为对内报表和对外报表，对内报表是给企业管理人员看的，对外报表是给税务局、银行和工商局看的。

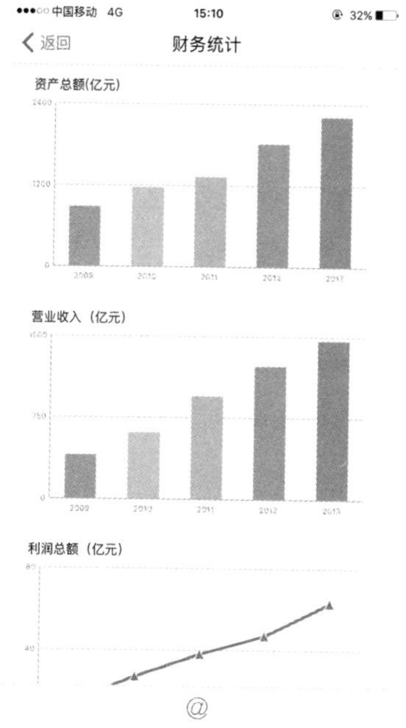

图 6–4 财务分析系统（3）

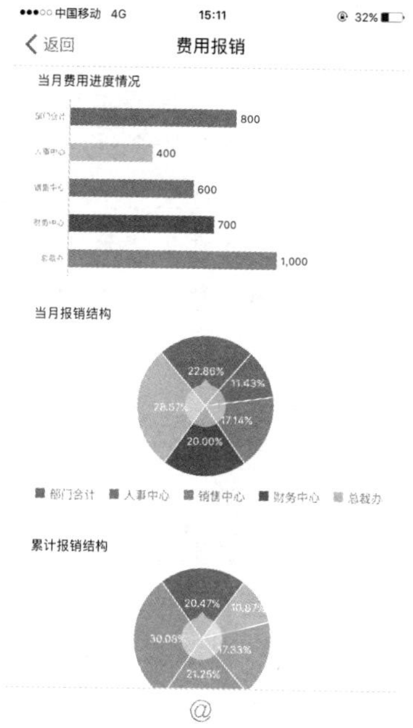

图 6–5 财务分析系统（4）

目前，企业用得最多的三个报表是会计准则上规定的三大报表，分别是资产负债表、现金流量表、利润表（也叫损益表）。

财务人员犯的比较大的一个错误就是拿对外报表糊弄内部管理者。三大报表对内的格式与对外的格式完全一样，没有任何区别，老板根本看不懂。

【案例】

有一家做酱鸭的企业，产品很好，拆包就能吃，名气也很大。这家企业的老板小学还没有毕业，四年级就辍学在菜市场卖酱鸭，后来当上了老板，经营这家企业，生意越做越大，年营业额有几亿元。

几年前，这家企业的财务总监找到我，跟我抱怨他的老板太强势。他把辛辛苦苦做的报表拿给老板看，谁知道老板把报表重重地扔在地上，指着财务人员的鼻子问，“你不知道我小学没毕业呀！”这个财务总监很委屈，向我请教，自己向领导提供报表会被骂，不提供报表又对不起财务总监的岗位，到底该怎么办？

我的建议是：用小学四年级能看懂的文字跟老板汇报（提供报表）。该财务总监回去以后跟老板沟通了一下，了解了老板的需求，以后只向老板汇报五个数字，分别是：我赚了多少钱、我花了多少钱、我还有多少钱、我欠别人多少钱、别人欠我多少钱。老板非常高兴。

老板看不懂报表，财务人员就应该设计一份让老板能看懂的报表。做到这一点，关键只有三个字——“说人话”。关于“说人话”，网上有个笑话是讲一男一女相亲，女孩问男孩的工作是什么，男孩为了把自己的工作描述得高大上，就说自己是做“建筑物光线控制设备”的，女孩没有听懂，但是感觉很高大上，于是两人开始交往。恋爱过程中，有一次两人一起出来看电影，女孩又问男孩是做什么的，男孩终于说了实话，他是卖窗帘的。“卖窗帘”就是说人话。

财务人员做的报表是会计准则规定的报表，参考的是“高大上”的标准，而老板能看懂的是“说人话”的报表。

我在给企业做财务咨询的过程中，根据老板们提出的各种问题，设计出了六张“说人话”的报表，其中包括对资产负债表、现金流量表和利润表的整改。老板能用好一张，就能对企业的经营提供很大的帮助。

（2）财务分析体系的建立。

财务分析系统除了要有报表，还要有其他的内容，比如要了解财务分析的实际意义。财务分析不是纸上谈兵，要能够支撑管理层的行政决定，分析不一定要面面俱到，但是要有结论，而且要提出解决问题的方案。

（3）事前与事中分析应为主导。

财务分析按照时间分类可以分成事前分析、事中分析和事后分析，正常情况下，70%的精力应该放在事前分析和事中分析。

事前分析是指财务分析贯穿企业商业交易的最前端，全盘策划商业结果的流向，协同纳税筹划。

事中分析是指对正在进行中的交易、业务、企业资源的使用进行分析，判断可能出现的结果，提出分析建议。

事后分析是指发现并指出问题，提出改进建议。

（4）财务分析的方法与层次。

财务分析的方法有结构分析法、比较分析法、比率分析法、趋势分析法和综合分析法。财务分析有不同的层次，基础的是财务报表分析，中级是关键指标分析，高级是企业价值分析。

当然，最重要的是分析完毕之后，要有执行。民营企业和跨国公司有一个很大的区别，不是民营企业的分析能力不如跨国公司，而是民营企业的执行能力不如跨国公司。民营企业分析完得出结论后，就放在了抽屉里，而跨国公司分析完了以后能够执行。

企业财务分析，不同的项目有不同的关键指标数据，这些指标都是理论，企业在构建财务体系的过程中，把理论的东西用在实际操作中才是关键。

（5）财务报表分析主要内容。

财务报表主要的分析科目和分析重点有：

应收账款：应收账款的账龄、客户信用状况及坏账可能性。

预付账款：预付账款的账龄、供应商何时能提供产品和服务。

存货：存货的账龄。

固定资产：固定资产的状况与企业运营是否匹配，折旧方法选择及影响，固定资产投资计划与资金来源。

应付账款：应付账款的账龄、付款期限及相关资金计划安排。

银行借款：利息负担、偿债能力、借款使用效率。

所有者权益：资本结构、资金成本。

主营业务收入：预期的收入能否按计划实现，现在环境下存在哪些收入风险和机会，有何应对措施保证收入的实现。

主营业务成本：料工费单品成本分析；找出不必要的浪费和成本，在防止成本超值的情况下进一步降低成本。

营业费用：营业费用与销售收入比例的合理性。

财务费用：利息的影响。

4.价值管理系统

企业价值，就是企业到底值多少钱？在企业上市、并购、重组时，都需要对企业进行相应的估值。

企业价值越高，越能多卖钱。所以，做企业一方面要赚取产品和经营利润，另一方面要让企业越来越值钱（未来企业可以整体打包出售）。如何让企业越来越值钱？许多上市公司都要做“市值管理”。

在做企业估值时，经常会用到一个公式，即公司价值=利润×市盈率，如果一个公司的市盈率是10倍，年利润是2000万元，则公司价值为2亿元。可见影响这个公司价值的有两大因素，即年利润和市盈率。所以，简单来说做企业的市值管理，可以从利润管理与市盈率两方面入手。

影响利润的因素：盈利模式、销售模式、成本结构、产品定价、收入结构、费用占比、技术领先程度等。

影响市盈率的因素：资产质量与资产规模、商业模式、市场地位、管理队伍、管理成熟度、财务系统规范度、品牌、股东背景、不同公司所处行业因素等。

【案例】

最近，我签了一个“企业收购服务”项目，比较典型。

广东某中医馆与中药连锁企业，年营业额2亿元左右。老板从小追随父亲学习中医，后来自己开了一个40平方米的小诊所，经过20年的打拼终于成为一个不小的私人医务服务产业。

老板学历不高，没有现代的管理技术与能力，导致内部管理流程与系统极为缺乏，舞弊、漏洞极多，成本管控不住，本来是利润率非常高的行业，这样经营下来一年也就1200多万元的利润。

现在有2家上市公司都有兴趣收购该企业，并且一再催促老板上门沟通谈判。老板自己心里对整体企业的初步估值是10亿元。

该企业老板上了我们的财务课程后，对我们极为信任，并且深刻意识到自己企业内部财务管理水平太弱，无法与上市公司在财务方面对等谈判，所以想请我们做财务并购咨询。

经过协商，最终与我们签订的服务合同是：并购合作未达成，咨询服务费100万元；估值6亿元以上，服务费200万元；估值7.5亿元以上，服务费300万元；估值9亿元以上，服务费另外增加，增加金额为“9亿以上部分的20%”。

针对这个咨询服务项目，我们将展开以下四个方面的工作:（1）收购前收购标的主要问题的梳理、归纳、协助解决;（2）协助及配合收购方的法律、财务、资产评估进场尽职调查;（3）参与交易过程的谈判，争取实现被收购方的利益最大化;(4)负责起草及修改本次交易的所有交易文件。

在公司估值方面，充分揣摩上市公司的心理和预期，将公司价值最大化。但是按目前的财务情况，一年1200万元的净利润，15倍的市盈率，估值才1.8亿元。离老板的心理预期差得太远了。

在开会时，我们提了以下几点。

第一，年利润必须提升到3000万元以上。建议措施：把老板个人的费用从公司剔除，一年约1000万元；把老板个人民间借款的资金利息从成本中剥离，一年约500万元；把部分高管与老中医的高额资金与提成从成本中剔除，作为税后利润发放，大约有300万元；把亏损的中药公司、食品公司、农业公司、韶关店、赣州店从集团公司剥离，一年大约有500万元的亏损；把应缴而未缴的企业所得税、个人所得税等400万元扣掉。

第二，市盈率必须想办法做到25~30倍。分析发现：目前各大医药集团上市公司的市盈率基本做到了50倍以上，所以当上市公司要收购该企业，提出25~30倍市盈率的要求，哪怕最后谈成20倍或22倍也非常不错。

这样算下来，如果能够谈成，企业的这个估值至少可以让老板和财务咨询师都得到一个比较满意的收益。

我曾经给很多家企业做过价值管理分析，并建立了财务战略模型，按照经济增加值和内含可持续增长率两个维度，划分出四个象限，观察这些公司是在创造价值还是在毁灭价值，是越来越好还是不断走下坡路，不同情况的企业应该采取不同的手段，如图6-6所示。

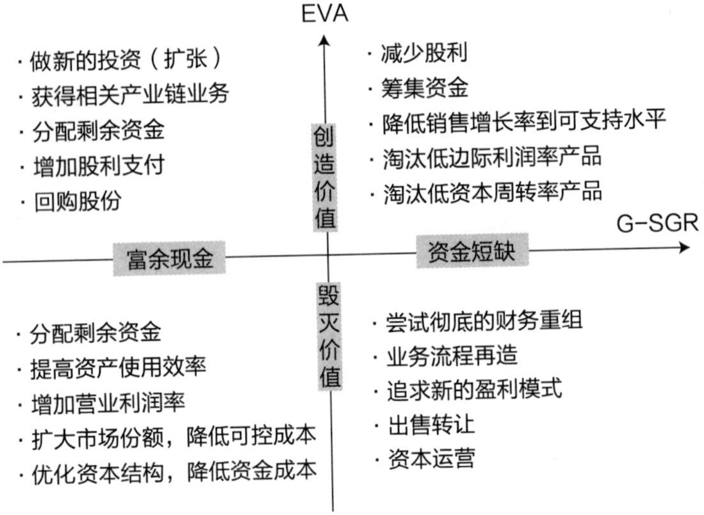

图 6–6 企业财务战略模型

5.决策支持体系

我们通常所说的决策支持体系，都是用IT的手段建立数据库的形式来实现对管理决策的支持。但是，我们这里的决策支持体系并不是指与软件系统相关的系统，而是指一个能帮助老板做管理决策的情报反馈与数据服务系统。

在这里，我们以一个极其常见又非常重要的指标为例，探讨一下决策与数据之间的关系。

【案例】

股东投资回报率是一个非常重要的指标，但是现在很多民营企业家都不关注这个指标了，我认为这是不应该的。老板最应该关心的就是自己投进去1000万元，最终能赚回多少钱。假如投资1000万元，当年只赚回100万元，则投资回报率是10%；如果能赚到500万元，则投资回报率是50%；如果能赚到1000万元，那投资回报率就是100%。

我与众多民营企业家交流发现，民营企业的投资回报率基本徘徊在5%到10%，一般不到20%，这样的投资回报率有点低。实际上，民营企业通过轻资产的运营，投资回报率达到50%以上应该是没有问题的。

花1000万元投资一个餐馆，假设需要花8年的时间才能把本钱赚回来，投资回报率为12.5%，相信有很多老板都不愿意做。大部分老板都想在一年之内回本，也就是投资回报率为100%；也有些老板愿意两年之内回本，也就是投资回报率为50%。但实际上，目前很多民营企业的投资回报率只有8%或10%。

投资回报率等于利润除以投资额，投资额在财务报表上叫权益，所以，投资回报率等于利润除以权益。假如企业的利润是100万元，权益是1000万元，那么投资回报率就是10%。

当企业的销售利润率是10%，周转次数为1，财务杠杆也是1时，投资回报率是10%，现在把销售利润率、周转率和财务杠杆各翻1倍，投资回报率就高达80%。虽然每一个指标只翻1倍，但是整体翻了8倍。这说明，这3个指标其中的任何一个稍微变动，对最终的投资回报率都会产生巨大的改变。提高销售利润率可能会比较困难，需要一系列开源节流的方法。我给企业做管理咨询的时候，除了会帮助企业提高利润率，最关键的就是帮助企业提升资产周转速度，同时也会注意财务杠杆的调整。

有人问，新闻报道说1部山寨手机才卖300元，企业只赚3元，相当于利润率只有1%，如此低的利润率，做山寨手机的企业是如何赚钱的。我解释说，他们靠的是中间的周转。做山寨手机的企业从购买原材料到生产再到销售掉，只用3天的时间，也就是说，周转速度是3天，那么1年可以周转120次。假如财务杠杆是1，那么企业的投资回报率就是120%。1年投资500万元，当年就能赚600万元。

销售利润率属于市场杠杆，资产周转率属于管理杠杆，财务杠杆也叫资本杠杆，企业要通过这3个杠杆共同撬动回报率。

要想提升资产周转率，就要不断打造企业的内部管理，提升企业内部管理系统成熟度。

通过数据分析指导企业的实际运营，在执行的过程中向管理要效益，把财务分析的结果在企业经营过程中切实落地，支撑企业的决策，是当下企业管理的主要工作之一，也是决策支持系统的主要内容。

成本管控系统

1.“大成本思维”与“魔鬼成本”

谈到成本管控就不得不谈一下“大成本思维”。

有些人认为“成本是魔鬼”。按照大成本的思维来讲，成本并不是魔鬼，而是企业为了达到特定的目的而发生的一种价值牺牲。如果成本真的是魔鬼，那毫无疑问企业应该砍光成本，可事实上，不是所有的成本都应该砍掉。

比如，一家企业给产品的定位是高端产品，那么为了配合高端的定位，所有的原材料都应该是高端的。一家五星级的酒店要降低成本，不是让酒店的硬件设施变成商务酒店的，虽然这样做降低了成本，但是与企业的战略发展目标有很大的偏差。

企业要控制成本，不是一味地降低成本，而是为了特定的目标发生一种价值转移。要明白，成本不仅是利润的减项，还是企业获取收益的资源。

在大成本思维中，我们把成本分成两类，一类是“作业成本”，另一类是“策略成本”。

作业成本是指在保证产品质量的前提下越低越好的成本；策略成本是指那些不是越低越好的成本，比如老板出去上课学习，会产生培训费、路费和差旅费等。

所有的成本都是与战略挂钩的，如果战略目标需要企业支付成本，那么这个成本就必须要付出，如果因为节省成本没有达到战略目标，那么这个成本就节省得没有意义了。

2.成本管控的六大误区

很多企业在成本管控方面走入了六大误区：

误区一：成本控制是财务人员的事情。

成本不全是由财务人员控制的，而是由花钱的人控制的，谁花钱谁负责控制成本。

误区二：成本控制就是不花钱。

成本控制也不是为了不花钱，而是为了更加合理地花钱。比如企业预计今年花3000万元做广告，如果节省了这3000万元，就可能会对后面的营销产生影响。控制成本是要把合适的钱花在合适的地方。

误区三：控制成本就不需要关注质量。

控制成本也不能不关注质量，质量是企业最大的成本。比如三星公司曾经发生过"三星Note7爆炸"事件，这是在研发过程中产品质量的问题，导致三星公司大量召回Note7手机，这一召回，涉及的成本就非常高。研发过程中缺陷产生的成本占到企业总成本的相当一部分。

误区四：控制成本就不需要关注效率。

如果成本的控制以降低效率为代价，那么是得不偿失的。

误区五：控制成本不用关注战略目标。

控制成本是为了战略目标服务的，不是不关注目标。

误区六：控制成本就是把成本与人分离。

控制成本更不是把成本与人分离，而是要约束人的行为，让人所做的事情与成本挂钩。以上就是成本的管理误区及应对之道。

3. “成本树”的设计

我曾在财税系统课程中讲过“细化的思维”，在做成本管控的时候可以用上。为了降低成本，我们需要设计“成本树”的结构，把成本先细分成小的子项，再把这些小的子项进行归类，这就是成本的细化思维。比如，企业总成本计划降低3%，那么这3%的降低来源于哪个项目、哪种材料、哪块费用，都要提前规划清楚。

传统会计中，一般把成本分为生产成本和期间费用，见图6-7。生产成本包括直接材料、直接工资和制造费用；期间费用包括销售费用、管理费用和财务费用。这种划分标准，比较适合国家收税。

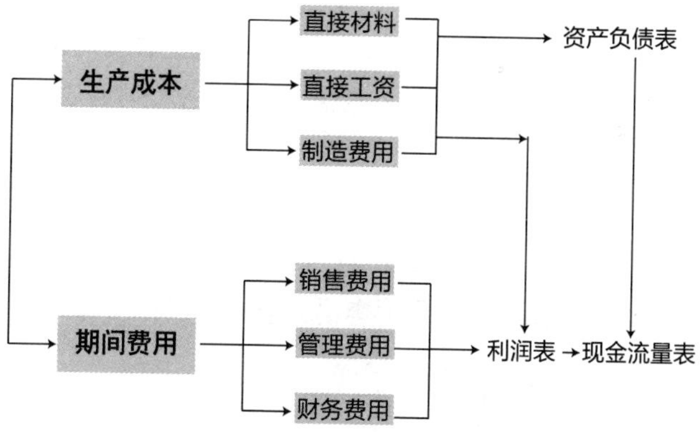

图6-7 传统会计中的成本分类

“成本树”的结构如图6-8所示：

- 总成本费用
  - 产品生产成本
    - 直接费用
      - 直接材料
      - 直接工资
      - 其他直接费用
    - 制作费用
      - 车间管理人员工资
      - 折旧费
      - 修理费、物料消耗
      - 其他制作费用
  - 管理费用
    - 公司管理人员工资
    - 折旧费、摊销费
    - 修理费、物料消耗
    - 房产税、车船税、土地使用税
    - 其他管理费用
  - 销售费用
    - 运输费、包装费、保险费、差旅费、广告费
    - 销售机构人员工资、折旧费等
  - 财务费用
    - 借款利息
    - 汇兑净损失、银行手续费、其他筹资费用

图 6–8 “成本树”结构分解

另一种“成本树”的结构是：固定成本、变动成本，然后进行分项细化。固定成本就是不会随着销量增减而变动的成本，比如房租、折旧费、固定工资等。变动成本就是随着销量变化而变化的成本，比如材料、人工工时、燃料、提成、税金等。这样划分的好处是容易区分哪些是容易控制的成本，哪些是不容易降低的成本。

4.量本利分析模型

在成本管控的过程中要牢记一句话，就是“固定成本变动化”。企业的固定成本越高，盈利的门槛就越高。

企业的总成本=固定成本+变动成本。当销售收入和总成本相等的时候，利润是零。利润为零的点叫作“保本

点”或“盈亏平衡点”。当企业刚好处于此点时，不亏也不赚。因此，这个点在财务管控的过程中又被称为“生死伦理之点”。

企业的老板和高管一定要密切关注盈亏平衡点（保本点），并且每个中层干部也应该关注本事业部的保本点。超过保本点的部分就是企业的利润。总成本加上利润，就是企业的“保利点”。

【案例】

开一家餐馆，即使没有一个顾客用餐，房租、员工工资等成本也是必须要支付的，这叫固定成本。各种食材的费用与顾客的数量成正比，顾客越多，食材的费用越高，这叫变动成本。

如果固定成本增加了，企业的保本点也随之提高，原来可能做100万元的营业额就能保本，固定成本增加后，可能做到280万元的营业额才能保本。原来的保利点是150万元，现在可能要400万元才能达到利润要求。

量本利的分析模型是企业经营过程中必不可少的工具。根据量本利模型，企业要先确定固定成本和变动成本。降低保本点，就要降低固定成本，固定成本越低，保本点就越低；固定成本越高，亏损的可能性就越大。见图6-9。

有一句俗语，“凡倒闭的企业，都有一个豪华的总部办公楼，外加N辆豪华汽车”。真正懂得成本控制的企业，

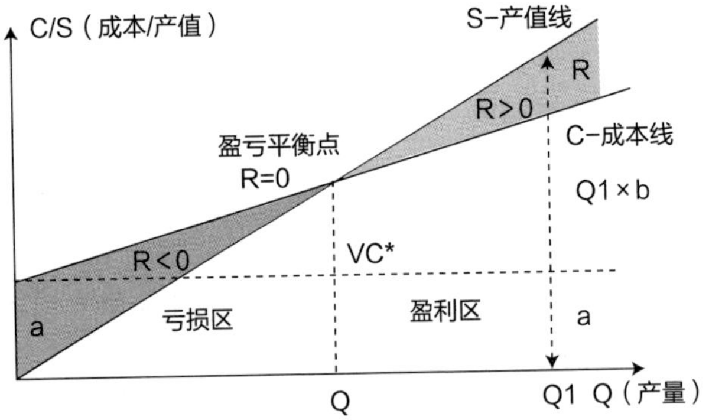

图 6-9 量本利分析模型

一定会减少固定成本的开销，而固定开销的一部分就是固定资产的折旧，企业要想办法减少固定资产，能不买的都不买，能租的就去租。当然，在这里，房产不动产不仅是固定资产，还有其增值保值的金融属性，不能等同于一般的固定资产。

【案例】

一个开出租车的司机，每个月要向出租车公司交 5000 元份子钱，这 5000 元钱就是司机的固定成本。

他每接一个乘客平均收 25 元，耗油 5 元钱，则每接一个乘客净赚 20 元，则其单位边际贡献是 20 元。固定成本除以单位边际贡献，得出的就是这个司机为了保本至少拉客的数量，也就是 5000 元除以 20 元，等于 250 人。也就是说，司机每个月拉客数量达到 250 人就能回本，超过 250 个客人就能赚钱。

假设一个月工作25天，那么每天的保本点也计算出来了，相当于平均每天应该拉客10人。

5.产品定价模型

损益平衡分析模型（也叫产品定价模型），被很多企业用在客户报价和产品定价方面。

具体方法是：首先测算出物料成本；然后加上设计成本、配件成本、包装成本和售后服务成本；再加上机器的折旧费用分摊和变动费用分摊等；再加上财务费用分摊和期间费用分摊；最后加上企业想要的利润，就等于产品最终的销售价格。

当产品成本不变，但是销售价格下降的时候，企业的利润就会被挤压。如果想保持企业的利润不变，客户砍价时，就要相应降低各项成本，在成本中挖掘空间。相反，如果是财务规范的公司，在向供应商砍价时，也可以根据对方提供的“成本树”结构图，协助对方把成本分项降低，从而在不影响供应商利润的前提下降低我们的采购成本，见图6-10。

成本控制还有一句秘诀，叫“变动成本订单化”，就是每一项变动成本都尽量跟订单挂钩，固定成本也尽量跟订单挂钩。当然，前提是财务核算能支持分订单项目核算。

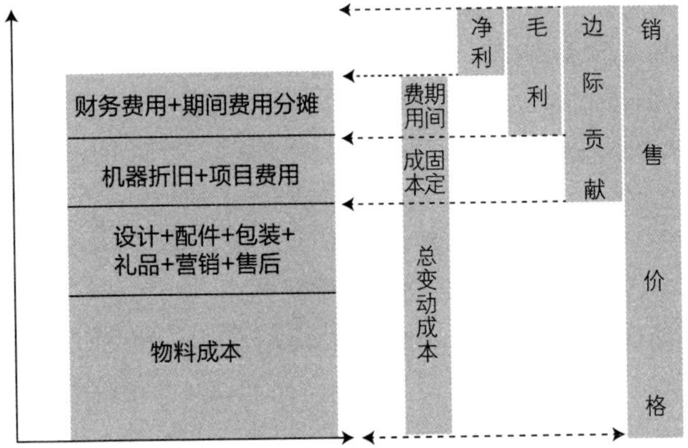

图 6–10　损益平衡分析模型

6.成本飞轮体系

“成本飞轮”体系是一个闭环的成本管控流程，也是一个完整的成本控制体系。

为了控制成本，先根据“成本管理目标”来“制订成本计划”，然后“执行成本计划”，最后“检查成本计划”。

相当于事前、事中、事后的三维管理。事前要进行预测、决策和预算；事中要做核算、控制和责任划分；最后检查成本，做成本考核与分析。再由事后向事前反馈，以便下次再次制订成本计划时，能考虑到后面的执行及考核时的结果。最后形成一个闭环，构成了一个事前、事中、事后控制成本的管理体系。

成本是个大话题，成本管控系统的设计是个比较复杂的问题，如何进行成本预测、决策、预算、核算、控制、执行、考核与分析，需要根据自己企业的实际成本情况，做大量的具体工作。

我们给企业做“财务专项咨询”的时候，经常会耗时很久，而且会帮助企业设计一整套的成本管控制度与工具、表单。无论如何，企业做财务专项咨询的花费，远低于节省的成本金额，是极划算和必要的。

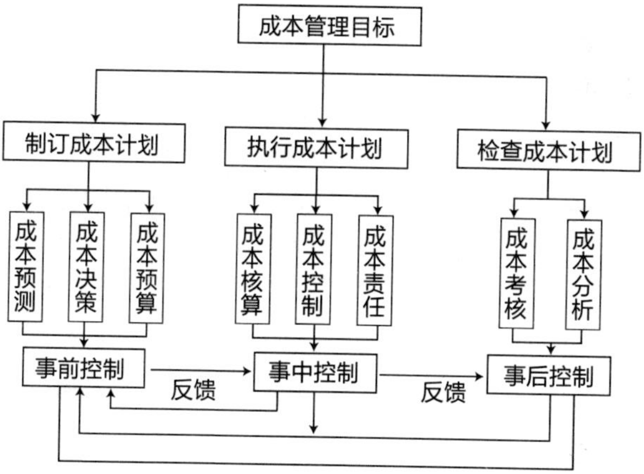

图 6–11 成本控制体系

风险内控系统

大型公司和上市公司普遍具有风险内控体系，但是民营企业做风险内控体系的非常少，一般的民营企业都没有专门的部门或专门的员工来负责风险内控的工作。

1.企业风险影响企业价值

企业面临什么样的风险不是由一两个人考虑的，而是整个企业全体员工都应该考虑的事情。

有一个公式：公司价值=利润÷风险。意思是一个公司想要变得更值钱，不仅要提高利润，还要降低风险。风险跟公司的价值成反比。换句话说，公司的风险越大，价值越小。

【案例】

一个哈尔滨的老板经营企业将近20年，年纪大了觉得有点累，想把公司卖掉，跟着孩子一起去加拿大定居。老板希望自己的企业能卖到2.2亿元，但是经过尽职调查以后，收购方只愿意出1.7亿元，双方差了5000万元没有谈拢，只能暂时搁置。

后来，这个老板来上我的财税系统课程，问我怎么看这5000万元的差异。我分析后说，可能是对方认为他的企业在管理上存在着很大的漏洞，管理体系做得不够健全。既然已经意识到这个问题了，为什么不迅速建立一套完善的内控体系呢？

老板非常不愿意以1.7亿元的价格卖掉自己辛苦经营多年的企业，于是请我来做咨询。我的团队花了5个多月的时间，帮他的企业建立了一套完善的财务管理体系和内控管理体系。

第7个月的时候，收购方又来谈收购的问题，经过多方评估，认可这家企业估值在2.2亿元左右。

企业在评估过程中被认为风险太大，就没有人愿意购买。很多民营企业都有一个特点，就是董事长一走，公司基本倒闭，这样的企业不值钱，想让上市公司并购或让资本市场投资，都非常困难。

关注企业风险就是关注企业价值。企业从创业阶段到成长阶段再到成熟阶段，面临着各种各样的问题。有调查显示，中国民营企业的寿命只有不到 3 年的时间。历史经验证明，只有建立了规范的内控体系，企业才能做得长久，才能基业长青。

美国有专家根据统计数据，把所有企业的风险做成了一张风险地图。一个企业面临的所有风险基本上都能在这张地图上找到。这张地图是针对上市公司的，民营企业的情况没有这么复杂。不过民营企业也可以借鉴该形式，用“头脑风暴”的方法把自己面临的风险列举出来，制成一张自己的风险清单，见图 6-12。并安排风险内控专员来做管控。清单上包括每一个风险可能发生的概率，以及发生后对于企业造成的损失。如果某项风险发生的概率及产生的后果不是企业愿意承受的，就要把该风险拎出来，对它进行单独的流程建设和风险管理。

我对民营企业的风险进行了简单的分类，见图 6-13。从可能性和影响程度两个方面划分出了 25 个小区域，并且最终归集成 3 个大区域：A 区域代表发生概率不高且影响不大的风险；C 区域代表发生概率较大且影响深远的风险；剩下的部分是 B 区域。不同区域的风险有不同的处理方式和应对措施。

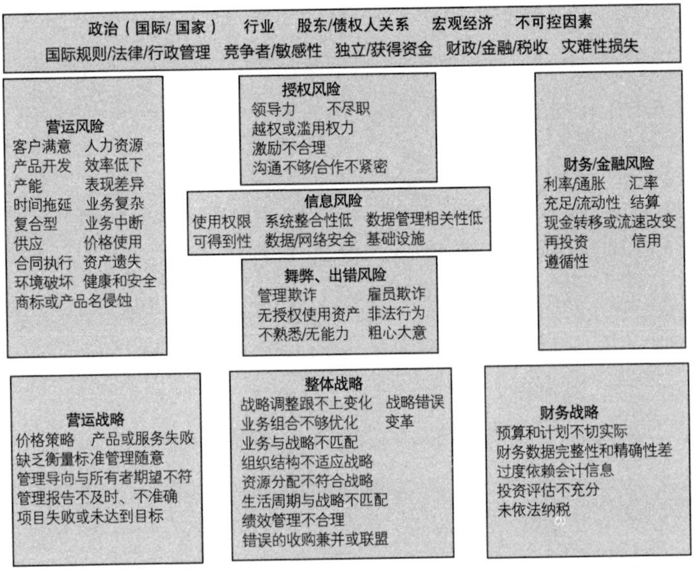

图 6-12 风险地图

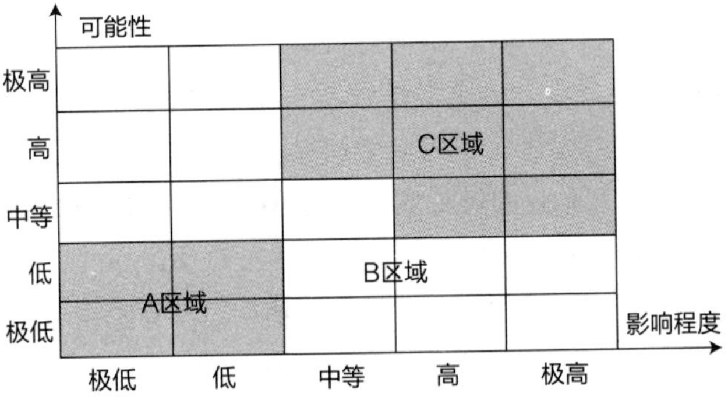

图 6-13 民营企业风险分类图

2.应对风险的四大措施

风险管理是企业管理非常重要的一部分，而风险管理并不能解决企业全部的风险。因为企业风险分两种，一种是不可抗风险，企业只能被动接受，比如发生战争、银行倒闭等。还有一种风险是企业通过建立内部控制体系积极应对、主动解决的，如财务内控和业务内控等。

企业应对风险的措施有四种：

第一，接受风险。企业认定要接受这样的风险，不打算采取预防措施，风险发生了再说。

第二，主动应对。建立内控制度和流程体系，主动面对风险，不回避。

第三，转嫁风险。企业想做某件事情但又不想承担风险，于是花钱请别人做这件事情，那么风险也就由此人承担。企业进行税务筹划的时候经常使用这个方法，如找一个“税务风险垃圾桶”，让这个“垃圾桶”成为转嫁风险的对象。还有一种转嫁风险的方法是买保险，一旦出了问题，由保险公司来承担风险。

第四，终止风险。当企业不想承担风险但又无法转嫁的时候，就可以选择终止风险，也就是不做这件事情了。比如购买增值税发票的事情，企业停止购买，就是终止了风险。

往往在发生风险的时候，企业还没有意识到。当企业意识到风险的时候，风险就已经降低一半了。

3. 内部控制的“七种武器”

许多企业都会做企业组织架构的设计，但是设计组织架构时，有没有考虑到内部控制的问题，有没有考虑过哪些岗位是不能相容的（不能同一个人做的事情），哪些事项需要进行审批，哪些岗位需要详细的操作流程图？

内部控制的制度框架，针对组织控制、人事控制、业务循环和会计控制，分别可以有不同的控制措施。如“不相容岗位的分离”，就是企业内部控制中经常采用的一种方式。有些职务同时由一人担任，其出现差错的可能性就大得多。两个人犯同种错误的概率比一个人犯同种错误的概率低很多。不相容职务分别由不同的人来担任，将大大降低错误发生的可能性。

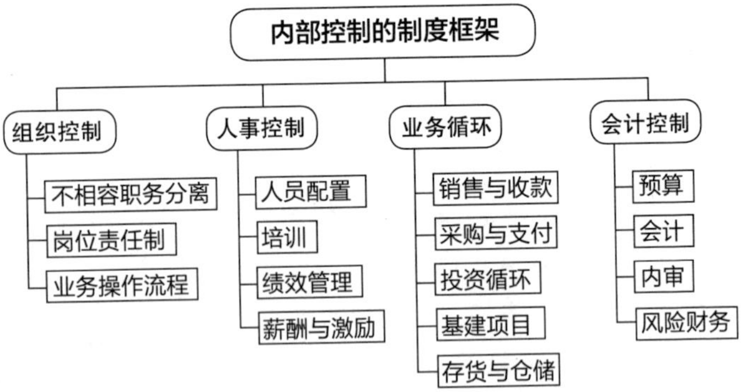

图 6-14　内部控制的制度框架

在实际工作中，内部控制的具体措施，常用的有以下七种。

（1）不相容职务分离控制。

要求企业全面系统地分析、梳理业务流程中涉及的不相容职务，实施相应的分离措施，形成各司其职、各负其责、相互制约的工作机制。如：“管钱不管账，管账不管钱”，会计与出纳不能是同一个人。

（2）授权审批控制。

要求企业根据常规授权和特别授权的规定，明确各岗位办理业务和事项的权限范围、审批程序和相应责任。比如采购拿不到发票时，需要 4 个高管同时签字才能报销。

（3）会计系统控制。

要求企业严格执行国家统一的会计准则制度，加强会计基础工作，明确会计凭证、会计账簿和财务会计报告的处理程序，保证会计资料真实完整。比如定期出具各项目成本的利润对比报表。

（4）财产保护控制。

要求企业建立财产日常管理制度和定期清查制度，采取财产记录、实物保管、定期盘点、账实核对等措施，确保财产安全。比如某养猪企业的种猪，一头价值几十万元，要有专人养护。

（5）预算控制。

要求企业实施全面预算管理制度，明确各责任单位在预算管理中的职责权限，规范预算的编制、审定、下达和执行程序，强化预算约束。比如利用好预算，企业的成本费用至少下降10%。

（6）运营分析控制。

要求企业建立运营情况分析制度，经理层应当综合运用生产、购销、投资、筹资、财务等方面的信息，通过因素分析、对比分析、趋势分析等方法，定期开展运营情况分析，发现企业存在的问题，及时查明原因并加以改进。比如财务做经营数据分析，供开会时使用。

（7）绩效考评控制。

要求企业建立和实施绩效考评制度，科学设置考核指标体系，对企业内部各责任单位和全体员工的业绩进行定期考核和客观评价，将考评结果作为确定员工薪酬及职务晋升、评优、降级、调岗、辞退等的依据。比如错误次数少于多少的员工，加多少积分。

【案例】

黄昊是北京某公司财务科的一名出纳，2015年9月至2019年10月，他采取“修改工资表数据”“制作虚假工资表”等手段，为虚构的本单位职工张三、李四等6人支付工资及虚增自己工资的方式，骗取该公司公款470余万元。

公司财务部门共有8个人，其中3名会计、2名出纳，黄昊是出纳之一。黄昊称，他从2012年开始接手单位工资表的制作，并逐步熟悉了制作工资表的流程，“每月25日人事部、总裁办将员工考勤表交过来，我拿到表后输入到财务系统工资软件里，然后汇总成工资表”。

遇到员工工资需要变动，人事部、总裁办也会将变动的情况发给黄昊，而他的工作就是简单地输入系统、汇总成表，甚至按照他的当庭供述，除了一开始接手工作时领导曾怕他输入错误而派人审核外，后来再也没有派人监督过。

正是在这种外部环境下，黄昊便萌生了借此捞钱的想法，后来因为结识了女友，更加刺激了其捞钱的欲望，于是便通过给自己虚增工资、给虚构的同事发工资等方式骗取公款。此案例告诉企业管理者，工资发放一直是存在资金舞弊的大风险领域。

控制点往往是企业容易忽略的地方：

（1）工资编制中的不相容职务的分离。在工资编制上的不相容职务分离有两个。

其一，工资编制岗与员工信息录入岗的不相容职务分离。工资舞弊的可能手段之一就是虚构人头，而公司人员之多，要做到对工资人头的仔细审核是很难实现的，因此一个有效的手段就是在事前控制上，即工资编制人与员工信息录入人必须是两个人，以防止编制人虚构人头。有些控制较好的企业往往规定了人力资源的专员负责招聘、离职和人员信息的录入工作，而工资编制人是另外一个人，且他没有权限在人事信息系统或工资信息系统中进行员工基础信息的录入和调整。

其二，工资编制岗与工资发放岗的职务分离。如果工资编制人和工资发放人是同一个，他完全可以在工资信息递送银行之前增加个人工资或虚构人员工资，以实现工资的舞弊。因此，工资编制人和工资发放人应由两个人操作。

（2）对工资发放的事后信息核对。财务人员在将工资信息递交银行后，企业内部务必增加一道环节：将工资发放后银行的回单信息交由工资编制人或审核人进行事后的核对。这一控制措施可以有效地防止工资信息在内部传递和对银行的外部传递中存在篡改。

4.内控常见十大漏洞

根据民营企业的财务现状，我们发现企业普遍存在以下十大内控漏洞。

第一，出纳领取银行对账单，编制《银行存款余额调节表》。

第二，领导“一支笔”审批，缺乏完善的内部控制和流程。

第三，过于依赖业务人员，企业往来资源掌握在个人手中，企业对业务开展失去控制。

第四，内部控制制度描述性东西较多，清晰的流程图和配套表单较少，许多业务不能“前赴后继”地落地。

第五，内部控制制度“救火式”偏多，制度体系缺乏系统性和完整性，甚至政出多门，相互打架。

第六，员工临时出差，缺乏明确的工作交接制度。

第七，人员招聘时注重笔试和面试考察，忽视背景调查。

第八，关键岗位无强制轮换或带薪休假制度。

第九，过分强调控制成本，经常将效率作为弱化或逾越内部控制的理由。

第十，说一套做一套，制度放空炮。

5.财务渗透业务的流程设计

企业要先制定内控制度流程，然后再确定内控的关键点，最后再确认内控的标准、建立内控的措施。以应收账款为例，我还设计了一套内控制度流程。见图6-15。

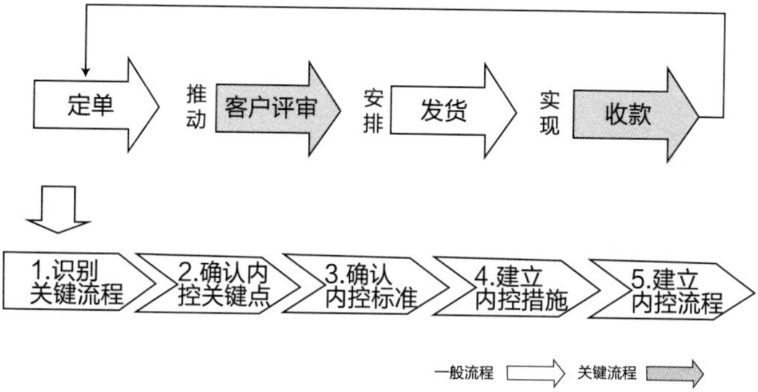

图6-15 应收账款流程

【案例】

山东某新三板挂牌企业已经挂牌后，该老板上了我们的“财税系统”课程后，邀请我们给其公司做财务内控咨询，其中涉及的内容及问题点比较多，下面列举一个咨询报告的目录如下。

1.××企业内部控制建设情况调研分析；

2.组织架构及人员管理漏洞识别与应对；

3.销售及收款漏洞识别与应对；

4.采购及付款业务漏洞识别与应对；

5.费用报销漏洞识别与应对；
6.会计核算及财务报告漏洞识别与应对；
7.资产管理漏洞识别与应对；
8.投资业务漏洞识别与应对；
9.债务融资及担保漏洞识别与应对；
10.货币资金与票据漏洞识别与应对；
11.本公司内部控制体系有效落地的要点及时间表。

预算管理系统

预算管理体系是财务管控体系中的最后一个，也是非常关键的一个。当企业的账务核算体系和资金管理体系不够完善时，预算体系很难推行，所以预算体系也被称为是拉动企业管理往上再升几个台阶的体系。

目前，很多民营企业没有建立这套体系。据统计，建立了全面预算管理体系的民营企业极少，只有2%~3%。没有建立预算管理体系的理由也很简单：账都算不清楚，哪还有精力做预算。

实际上预算管理是能够解放老板，让企业管理层更加有规划，让企业更加稳定发展的一个重要工具。

1.预则立，不预则废

《礼记·中庸》中提到“凡事预则立，不预则废”。毛泽东《论持久战》中也提到“没有事先的计划和准备，就不能获得战争的胜利”。

预算是企业对未来事务提前彩排的工具，就是将明年所有能够发生的数据在今年提前预演一遍，所以预算的过程就是“彩排的过程”。

预算非常重要，曾经有人问李世民为什么他打仗如此厉害，他说成功的秘诀就两个字，一个是“骗”，一个是“算”。“骗”就是用计谋，正所谓“兵者，诡道也”。“算”就是预算、彩排，反复计算敌人，评估双方的实力，排兵布阵的过程就是一个预算的过程。

军队打仗是这样，企业经营也是这样。预算体现的是企业家对于战略管理和资源配置的能力。预算不仅是战略执行的保障、资源分配的工具，还能把工作以货币的形式表达出来。

预算还是考核职业经理人信用的唯一工具。21 世纪人才最贵，讲信用的、诚信的人才尤为珍贵，所谓讲信用就是“说话算数”，这里“说话”代表做预算，“算数”代表严格执行预算。一个人是否说话算数、是否有诚信，就看他能否做预算并且对预算的执行情况如何。

【案例】

艾森豪威尔说过，预算本身什么都不是，制定预算的过程就是一切。为什么呢？因为我们做预算并不是说通过预算把某一个指标（比如收入和利润）控制在某一个点上，我们希望的是通过预算不断地校准我们的基准线，把这个指标

（收入、利润）控制在我们的趋势中，这就够了。不管准或不准，你都得做，因为只有比较了，你才能去分析，进而改善管理。

2.预算的三重境界

预算管理有三重境界：第一重境界叫财务预测；第二重境界叫全面预算；第三重境界叫超越预算。

所谓财务预测是指老板带着财务人员在会议室拍脑袋。比如，去年做了 8000 万，要不今年做 1 个亿吧……于是，1 个亿的目标就被制定出来了。虽然这样的财务预测是拍脑袋拍出来的，但有了总比没有强。财务预测没有体系可言，只是老板和财务人员根据历史数据得出的结论，没有涉及全部员工。

不管合理不合理，至少先有一个目标，员工就有了努力的方向，老板对执行结果也有一个参照的标准。

所谓全面预算，也叫全员预算，就是采购人员做采购预算，生产人员做生产预算，销售人员做销售预测，人力资源做人力资源预算，财务部门做资金预算和预算汇总，所有的部门都要根据自己的经营计划和工作目标做各部门费用预算，然后财务把所有的预算汇总，形成下一年的经营报表。做预算的过程中会有讨论、咨询等环节，经过这些环节，每个人的头脑中对预算都非常清晰，见表 6-4。

表 6–4 各部门预算编制

部门	预算编制
财务部门	财务报表及分析报告；预算目标测算方案；融投资预算草案；产品成本、固定资产、应收账款等数据
销售部门	销售情况分析及市场反馈；销售预测；已签订的预算年度合同；销售行动方案；销售费用基础数据
生产部门	生产情况及生产能力；产品质量及合格率；库存情况；产品成本基础数据；劳动生产率情况等
技术部门	新产品开发情况；技术改造和设备更新情况；技术发展规则；开发计划；研发项目计划和估算；项目要求及人员配置；产品质量分析等
工艺部门	设备维修和保养情况；设备更新改造和装备情况；维修、更新改造费用估算
人力资源部	人员需求和素质要求；培训情况和计划；职工构成及有关情况；业绩评价和薪酬制度调整；劳动力成本和劳动效率
采购部门	原材料消耗情况；市场供应分析和预测；供应商变动等

所谓超越预算，是指企业实行全面预算已经好多年，所有人都养成了在事前做预算的习惯，预算成为公司的一种文化。每一个人习惯做任何事情之前都会认真筹划，考虑有利因素和不利因素，进行SWOT分析。那么其实公司做不做预算，问题都不是太大了。因为老板们最关心的不是预算的结果，而是要让企业有计划地发展。

在预算的执行过程中总会有一些瑕疵。比如碰到突发要花预算的情况。当然这也说明企业的预算管理并没做好，这在国企尤为明显。

【案例】

最近几年，每到12月或1月，我都会接到一些财务总监学员的电话，向我要银行账号，有的要给我打钱，理由是年初申请的培训费预算没有花完，到了年底，要先把钱花了。至于什么时候上课，不急。

每到这个时候，我就会先把发票寄过去，然后再快递几本讲义。这样在税务稽查或审计的时候，至少还有讲义可以证明这笔钱花在哪里了，但实际上，我并没有给企业做任何培训。

企业这样做的原因是担心今年没有把培训费花掉，明年再做预算的时候就不容易审批了。

根据我的经验，从财务预测走到全面预算至少要三年：第一年大家可能还没太当回事；第二年看到企业按照预算来执行，而且业绩真的有所增长，尤其是个人的年终奖因为全面预算管理而增加时，或者考核已经影响了大家的利益时，高管们就开始认真对待了；第三年开始摸索如何做全面预算，慢慢积攒了经验。所以一般情况下，在企业推行全面预算都要三年时间。

3.没有预算，谈不上授权

如果有了严格的预算制度，每个管理者年初都要根据战略和计划去制订详细的年度财务预算。即这一年经理打算干多少活，花多少钱，每笔钱用在什么地方。这样年初的时候，公司就知道年底能挣多少钱。只要各个部门都按照预算执行，整个公司就可以按照事先的计划实现盈利目标。

但是，到目前为止，绝大多数的国内企业都还没有严格的预算制度。或者即使有预算，也是很粗糙的预算，不是非常细致的预算。一般预算做好后，上级会审核，批准后一年当中就不再变更了。为了定时定期地反馈预算的执行情况，公司财务部每个月会给各级管理者一张预算执行情况分析表，格式如表 6-5。

表 6–5 预算执行情况分析表

科目	本月预算支出	本月实际支出	本月支出占预算比率	累计预算支出	累计实际支出	累计支出占预算比率
销售费用	100	90	90%	200	180	90%

经理人每个月拿到这张分析表之后，看偏差栏，如果小于 100%，就表示没有超支；如果大于 100%，就说明超支了。但是某个月在某些科目上超支是允许的，只要总花费没有超支即可。另外，管理者会根据每个科目的超支情况适当调整后面几个月的花费，尽量使各个科目全年平均下来都不超支。

按照预算管理制度，有预算责任的管理者，都被要求全年预算正负都不得超过 5%，这是衡量业绩的标准之一。既不能超过预算的 5%，也不能低于预算的 5%，因为省得多了，意味着不需要那么多预算，公司下一年就可能削减该部门的预算指标。

当然也会有情况特殊的时候，比如公司整体业绩下滑，或者利润率降低。那么，公司会要求所有管理者相应削减5%的指标，要求所有的人把 100% 的预算变成95%的预算，因此上限就变成了95%，自然不会出现超支的情况。这样，全公司的财务预算一年下来基本上能控制在1%~2%的偏差范围内。有了这样的预算制度，在花钱的时候，财务人员要如何执行呢？通常有以下四种情况。

第一种：计划内、预算内。

光有预算不行，还要有计划，比如培训：今年派多少人参加多少次培训，派这些人培训需要花多少钱，要有计划来说明。每一笔钱都是专款专用，不是拿到预算之后，想怎么折腾都行。预算看的是结果，计划看的是内容，所以在上级领导或财务部确定给钱的时候，基本上把握这个原则：计划内、预算内的立即放行，一般不做任何询问，只要没有超出批准者的权限即可。

第二种：计划外、预算内。

由于环境的变化，计划需要做出调整，可以把一些钱用到其他项目上，所以管理者要先报计划，计划被批准后才能把预算调整过来，当然前提是花钱没超过总预算。在这种情况下，管理者必须得到上一级的批准才可以，所以财务部既要掌控预算，也要看上一级的批准意见。

第三种：计划内、预算外。

比如做一个广告，本来计划花5万元，而实际花费了8万元，超出预算3万元。这时候，当事人要跟自己的上司解释为什么当时的预算是5万元，现在变成了8万元。如果上司接受部下的解释，就签字放行，这种情况既可以调整该经理自己的预算分配，也可以在上一级预算里进行调整。

第四种：计划外、预算外。

这种情况就比较困难了，因为要说明计划外的事情现在要去做的原因，发生了什么特殊情况。如果上级接受这种解释，同意修改计划，就必须调整预算，看从哪里能挪过钱来，或者要求再上一级的经理介入，从更高的层面上调整预算（这意味着减少其他部门的预算）。

预算制度是一套非常有效的管理方法，它简化了管理流程，加快了决策速度，也使各级管理人员有充分的自主权和主动权，授权也才能体现出来。在没有预算的情况下谈授权是不可能的，很容易出现“一放就乱，一抓就死”的情况。

那么，财务部门在预算执行和监控过程中扮演什么角色呢？

在一些优秀的公司，财务部门的主要职责是控制预算、定期报告预算的执行情况，保证公司有健康的现金流，但是财务部不能干预业务，只要是计划内、预算内并在签字者权限范围内的花费，财务要立即放款。如果某项花费不合理，年底可以通过审计检查或追究签字者的责任，与财务部门无关。这是一个至关重要的原则性问题。

预算体系是企业实现授权与监控的前提条件。没有预算的企业根本不可能授权，更不可能监控，只能听天由命。

4.预算编制指导手册

编制预算应该说还是比较简单的。没有做过预算的人可以简单演练一下，用半个小时的时间预算自己一生要花多少钱，这跟企业做财务预算基本类似。

首先要假设自己大概能活到多少岁，每一个时间段的衣食住行、娱乐医疗、娶妻生子、赡养老人、教育子女，以及自己的学习进修等需要花费多少，可以制成一张二维表。这样，一个人一生需要花的钱就计算清楚了。

表 6–6　规范化的预算编制指标手册目录

1.预算启动会议 2.公司未来 5 年发展规划 3.预算的组织分工 4.预算进度安排 5.主要预算假设和前提 5.1 预算年度 5.2 预算范围 5.3 预算工具 5.4 币种/汇率/通货膨胀率 5.5 销售价格与采购价格 5.6 人员和工资费用假设 5.7 上线与下线产品 5.8 预计市场平均增长率 5.9 预计税率 6.销售政策和标准产品价格表 6.1 销售政策 6.2 标准产品价格表 7.预算使用的费用会计科目及解释 8.预算产品线及产品范围 9.预算成本中心 10.费用分摊原则 11.历史数据的准备 12.预算模板格式和填报说明	13.预算相关表格清单及负责人 14.销售收入预算 15.材料成本预算 16.人工及制造费用预算 17.人员预算 18.人员费用预算 19.部门费用预算 20.IT 费用预算 21.设施及公共费用预算 22.资本性支出预算 23.折旧预算 24.保修费/销售返利/存货损失准备和其他直接成本预算 25.预算损益表编制程序 26.预算资产负债表编制程序 27.预算现金流量表编制程序 28.主预算源文件汇总路线图 29.预算正确性检查清单 30.预算结果数据查询工具 31.预算汇报会内容大纲 32.预算执行情况报告 33.预算指标考核办法

编制预算是全面预算工作的一部分，企业要真正建立全面预算管理体系，还需要出台《预算编制指导手册》。如何设计这本手册，也是考验预算管理工作人员水平的一个事项，表 6-6 是一个预算编制指标手册的目录。

5.预算管理的案例

最近几年来，我们做了许多的财务咨询案，其中包括全面预算体系咨询。总结发现，许多企业的财务核算体系不健全，是很难推行全面预算的。

因此，我给企业做财务咨询时一般会分成以下几个部分：账务核算、资金、税务筹划的咨询是一个组合部分，简称“账钱税系统咨询”；“全面预算咨询”是单独的部分，一般在做预算咨询前，先要把账钱税系统咨询梳理差不多，才能开始梳理全面预算体系。

预算体系的建立和完善，可以说标志着企业的内部管理上了一个新的台阶，财务管理水平也得到了极大的提升。

【案例】

一家北京的企业在我们咨询团队的帮助下构建了预算管理体系。

他们把所有预算的数据以柱状图的形式用胶带粘贴在走廊的墙上，每个部门实际完成了多少、预算多少、还剩多少预算等，用红色或绿色的胶带做上标记。业绩变化也用胶带实时粘贴更新，以呈现最新的数据。

这家企业的老板跟我说，自从我们的咨询团队帮企业建立了预算体系，公司业绩大幅增长，公司营业额连续几年都是20%~30%的增长。

不仅如此，员工文化也发生了改变。以前大家坐在一起，聊的都是家长里短的废话，现在聊的都是每个人的预算完成情况、业绩增长的行动方案等，并且互相借鉴、学习。

这套预算体系的价值得到了公司所有人的充分肯定。

预算管理还有很多理论知识，比如编制流程、中小企业预算的执行、预算的绩效考核等。理论知识虽然很重要，但是实践的过程更加重要。

|第七章|

C A I W U D E L I L I A N G

财务体系咨询案例

7

账钱税系统的咨询方案

1.基础性的财务体系建设

最近几年来，我的团队每年给近2万位企业家讲授“老板财务管控”课程，并通过课程衍生出成百上千个财务咨询服务项目。

不管是百万级的“财务咨询”项目，还是数十万的“老板财务智囊”项目，尽管涉及众多的财税疑难问题，但是更多的还是基础性的财务体系梳理与建设。

如果企业的年销售规模从3000万元增长到5000万元、1亿元，而财务管理体系是不健全的，无法与企业的实际规模相匹配，那么很容易导致各种财税问题和个人风险。我经常开玩笑说：“这就好比18岁的小伙子还在穿3岁小孩的开裆裤！”所以，建立一个相适应和匹配的财务体系，如账钱税系统是非常有必要的。

我们团队有几十位财务咨询老师，每年接手数百个财务咨询项目，但是大部分案例都涉及企业的机密，从客户的利益考虑，我们需要严格保密，因此能够拿出来公开分享的案例并不多。所幸许多问题是类似的，一通百通，故在此抛砖引玉，仅供参考。

也就是说，如果一个企业从来没有做过财务咨询项目，可以考虑先从账钱税系统入手，待系统建立之后，再进一步提升财务管控系统。

2.青岛某化工企业的财务咨询计划

我在济南讲课的时候，有一位学员是青岛某化工企业的董事长，他感觉自己企业在财务方面问题多多，力邀我去公司做现场辅导。

这家化工企业员工人数不多，大约有 80 多人，年营业额有 5000 多万元。除了这家化工企业，该老板还投资了三个实体，分别是：一家餐饮企业（约 30 人）、一个汗蒸房（规模很小）、一家农产品公司（规模较小）。财务部共 4 人，老板娘（财务总监）、财务经理、会计、出纳。老板娘不懂财务，财务方面最专业的就是财务经理，但其水平能力欠缺，不擅长财务体系的建设与流程的梳理。

除了化工企业有一套账，其他都没有建立基本的账务体系，都处于流水账阶段。而且化工企业的账还处于糊涂账阶段，老板基本不看报表，因为数据都是不准确的，进销存是对不上的，存货基本没怎么盘点，也和会计账不相符……

老板说了一句经典的话，“账是乱的，比我的心还乱！”一番沟通交流之后，老板下定决心梳理财务体系，并与我们签订了财务辅导合同。我们也初步做了一个财务辅导的工作计划和内容清单。

3.财务辅导计划及内容清单

财务辅导是个性化的财务服务。每家企业的情况都不完全相同，所以在财务辅导时，我们提供的工作计划与服务内容清单也各不相同。表 7-1 是我们根据青岛某化工企业的实际情况提供的一份《工作计划及内容清单》。

表 7-1　财务辅导工作计划及内容清单

序号	任务	工作内容及初步计划
1.1	项目准备	金财项目助理，需要提交确定客户的需求和交付的内容
1.2		第一次上门时间、对接人确定
1.3		在上门前一个星期，发调研准备资料和第一次调研计划
2.1	项目调研	老板访谈
2.2		项目启动大会、组建“财务辅导项目小组”
2.3		高层访谈
2.4		业务部门访谈
2.5		财务部访谈
2.6		相关调研资料的补充提供
2.7		营改增调研及制订初步计划
2.8		老板、高层和财务人员做项目汇报
3.1	第一阶段项目实施	税务筹划及历史遗留问题解决
3.2		销售流程梳理、收款流程梳理
3.3		采购流程梳理、付款流程梳理
3.4		付款权限梳理
3.5		固定资产流程管理
3.6		财务组织架构梳理

（续表）

序号	任务	工作内容及初步计划
3.7	第一阶段项目实施	成本核算梳理
3.8		营改增专项培训及实施
3.9		资料整理
3.10		项目阶段性总结和汇报
4.1	第二阶段项目实施	财务部门人才培训
4.2		前期作业检查
4.3		会计处理规范化
4.4		资金流程梳理、制度制定
4.5		梳理管理报告
4.6		管理驾驶舱
4.7		税务风险控制体系
4.8		整理数据和汇报报告
5.1	第三阶段项目实施	进场前问题收集
5.2		上次作业检查
5.3		财务核算指导
5.4		管理报告的出具
5.5		指导管理驾驶舱
5.6		项目汇报
6.1	第四阶段项目实施	财务信息系统实施方案设计
6.2		财务信息系统实施监督、检查
7.1	第五阶段项目实施	账钱税体系升级辅导
7.2		项目完成汇报
8.1	第六阶段后续辅导	远程跟踪辅导

4.财务辅导项目交付清单

“主要矛盾解决了，次要矛盾就会变成主要矛盾”。一个企业不可能没有问题，不可能一次解决完所有问题。所以，财务辅导一定是阶段性的。这一阶段提升这些内容，下个阶段提升另一些内容，企业经营发展过程中，咨询辅导服务是贯穿其中的。以下是青岛某化工企业初步的交付清单（摘录时有删减），见表 7-2。

表 7-2　财务辅导项目交付清单

序号	模块	任务清单	方案清单输出	时间	项目负责人签字	项目交付老师签字
1	启动	项目调研报告	调研报告			
2		项目启动会	启动大会PPT			
3	股	股权架构设计	股权设计方案			
4			公司章程修改建议			
5			股权变更注意事项			
6			经济权限表			
7	账	财务部组织架构	岗位设置			
8			岗位职责说明			
9			财务工作手册			
10		总账	应收账款管理制度			
11			应付账款管理制度			
12			费用报销管理制度			
13			会计核算体系设置			
14		成本	固定资产管理制度			
15			成本核算			
16	账	管理报告	收入分析			
17			成本费用分析			
18			利润分析			
19			应收账款分析			

（续表）

序号	模块	任务清单	方案清单输出	时间	项目负责人签字	项目交付老师签字
20	账	管理报告	应付账款分析			
21			项目利润报告			
22	钱	资金计划	资金计划管理			
23		资金管理	现金收支日报管理			
24			现金盘点流程			
25			支票管理制度			
26			银行账户管理			
27			银行对账流程			
28	税	税务制度	文件及制度			
29		税务风险管理	风险管理体系			
30		税务征收管理	纳税申报管理和发票管理制度			
31		重大税务事项	税务筹划与税务筹划方案建议			
32		历史遗留问题解决	问题解决清单			
33	培训	财务团队培训	账、钱、税、控、器五个模板的训练			
34		中层非财务人员培训	各部门与财务的协调、衔接、流程等			
35		相关技术培训	现场培训			

5.财务辅导后的改变

项目结束后，该企业老板带着财务经理来参加我们的“财务系统”课程的复训。在课堂上做现场分享时，该老板提到仅建立“管理驾驶舱”一项工作，就让老板挽回了40多万元的损失。

财务系统的落地追踪方案

当财务项目实施方案出来后，“执行”就成为最主要的工作。

有一次给北京市昌平区的某企业做财务咨询，我们咨询老师已经把辅导方案设计出来，并与企业财务部相关人员确定了实施步骤、时间安排、关键要点等，并叮嘱在执行过程中随时电话沟通，以方便指导。

等老师下一次上门时，竟然发现该企业财务该做的作业都没有完成，而且有疑问也不主动沟通询问。懒惰也好、太忙也罢，总要把财务系统落地导入才能进步。

咨询老师不是具体执行人，是与老板一起监督检查的人。企业的财务人员或相关人员才是具体执行人。如果财务人员或相关人员执行力度弱，那么再好的方案也终将流于形式。财务咨询，不是纸上谈兵，也不是提供一堆文档资料，而是企业财务系统获得实实在在的提升。

为了监督财务人员的财务系统方案落地，可以采用多种方法结合，以促使财务系统方案执行到位。

1.系统落地与薪酬结合

一般来说，财务系统咨询项目，受益最大的就是企业的财务人员。经历过企业IPO上市的财务经理身价倍增，经历过“财务系统构建”咨询的财务人员身价倍增。企业财务系统好比一辆汽车，财务人员就是司机，是项目的直接受益人。

有收益就意味着付出。在财务系统建设时期，财务系统的构建与实施过程中，可能会导致财务人员的工作内容增加。当财务系统升级时，财务人员还会遇到以前不擅长和不熟悉的内容，这不是习惯了安逸和舒适地带的保守财务人员愿意接受的。所以适当地进行薪酬、绩效与财务系统建设挂钩，甚至设定“财务系统建设奖励计划”，都是可以考虑的。

2.财务系统导入落地追踪

有了目标和方向，过程的管控就变得非常重要了。财务方案执行的监督检查，不仅是财务咨询老师的事，也是老板和其他相关负责人的工作。也就是说，要老板和财务咨询师一起监督检查财务人员的系统建设落地执行进度。

可以组建一个项目组的微信群或群发电子邮件，要求相关责任人每周把任务完成情况（进度、问题），反馈在微信群或一个公共的信息平台上（详见表7-3），并且由项目助理跟踪统计其信息发布情况。

表 7–3 财务系统导入落地追踪表

总负责人：**** 董事长　　　　项目监督检查：张老师、杨老师、叶老师

序号	工作任务	工作结果输出	负责人	落实情况跟踪	
				计划时间	实际时间
一	**股权架构梳理与规划**				
1	深圳 *** 有限公司变更	营业执照、组织机构代码证、税务登记证			
1.1	股东之间股权转让	股权转让协议各 50%、章程修订备案	唐经理，曾 **	10 月 30 日之前	
1.2	增资增加经营范围	企业管理咨询、中介服务、实业投资	唐经理，曾 **	10 月 30 日之前	
1.3	增资增加注册资本	增加注册资本 1200 万元（货币）	唐经理，曾 **	10 月 30 日之前	
2	东莞 *** 有限公司股权增资				
2.1	公司股权价值评估	股权价值评估报告	唐经理，曾 **	11 月 30 日之前	
2.2	股权增资协议等资料制作	股权增资协议、股东会决议、补充章程	唐经理，曾 **	11 月 30 日之前	
2.3	国地税沟通	咨询地税重组事宜	唐经理，江会计	11 月 30 日之前	
2.4	工商局登记	工商变更通知书	唐经理，任会计	11 月 30 日之前	
2.5	国地税登记	工商变更通知书、国地税变更备案回执	唐经理，江会计	11 月 30 日之前	
3	广州 ** 材料有限公司股权收购				
3.1	公司股权价值评估	股权价值评估报告	唐经理，曾 **	11 月 30 日之前	
3.2	签订股权转让协议	股权转让协议、股东会决议、补充章程	唐经理，曾 **	11 月 30 日之前	
3.3	广州工商局备案	工商变更通知书	唐经理，曾 **	11 月 30 日之前	

（续表）

序号	工作任务	工作结果输出	负责人	落实情况跟踪	
				计划时间	实际时间
3.4	广州国地税备案	国地税变更备案回执	唐经理，曾**	11 月 30 日之前	
4	无锡**公司股权收购				
4.1	公司股权价值评估	股权价值评估报告	李经理	11 月 30 日之前	
4.2	签订股权转让协议	股权转让协议、股东会决议、补充章程	李经理	11 月 30 日之前	
4.3	无锡工商局备案	工商变更通知书	李经理	11 月 30 日之前	
4.4	无锡国地税备案	国地税变更备案回执	李经理	11 月 30 日之前	
5	集团公司更名	集团公司营业执照（具体根据工商局要求处理）	唐经理	12 月 30 日之前	
二	**企业管理架构流理与规划**				
1	开会设计新的管理架构	形成管理架构图	任总	11 月 30 日之前	
2	下发文件执行新的管理架构	下发文件	任总	11 月 30 日之前	
三	**财务架构和岗位职责设计**				
1	根据新的管理架构设计新的财务架构				
1.1	文件下发新的财务架构图	集团财务架构图	陈**，唐经理	11 月 30 日之前	
1.2	设计各岗位职责	财务岗位职责书、定员定岗、核心考核指标建立	唐经理	11 月 30 日之前	
1.3	适当调整财务岗位工作内容	根据人员实际情况进行调整	唐经理		

（续表）

序号	工作任务	工作结果输出	负责人	落实情况跟踪	
				计划时间	实际时间
四	**账务核算规划**				
1	集团公司会计科目设计与应用	会计科目使用说明书	唐经理	11月30日之前	
2	指导处理“管理账”与“分钱账”	两套账的科目余额差异分析及调整处理表	唐经理、甄会计	12月30日之前	
3	指导处理存货的历史遗留问题	存货差异分析及处理表	唐经理、甄会计	9—12月	
4	指导制作一套公司财务管理报表	建立财务管理报表体系	唐经理	12月30日之前	
五	**资金管理规划**				
1	资金管理方案	《现金日报表》和《月度资金预测表》	唐经理、陈出纳	11月30日之前	
2	资金安全方案	《个人银行卡管理制度与流程》	唐经理、陈出纳	11月30日之前	
六	**税务管理规范**				
1	完善员工个人所得税纳税处理	出具员工个人所得税纳税方案（初步方案）	唐经理	12月30日之前	
2	识别税务风险	建立税务风险评估模型	唐经理	11月30日之前	
七	**财务内部管控体系建设**				
1	规范集团公司费用管控	《费用报销制度和流程》	唐经理	11月20日之前	
2	加强公司固定资产管理	《固定资产管理制度和流程》	江**	11月20日之前	
3	加强资金管控	《货币资金的管理制度》	陈**	11月20日之前	

（续表）

序号	工作任务	工作结果输出	负责人	落实情况跟踪	
				计划时间	实际时间
4	加强整体成本管控	《存货的管理与盘点制度》	任**	11月20日之前	
5	初步建立预算管理制度	《会计档案的管理制度》	任**	12月15日之前	
6	建立风险管控制度	《采购与付款管理制度》	曾**	12月15日之前	
		《销售与收款管理制度》	曾**	12月15日之前	
		《发票管理制度》	唐经理	11月30日之前	
		《公司绩效薪酬模型》	财务经理及HR	12月15日之前	
		《公司盈亏平衡模型》	财务及部门经理	10月底	
		《全面预算管理手册》	预算管理委员会	下一年开始	
八	**财税提升培训**				
1	非财务人员的财税知识培训	《基本税务及发票知识培训》	财务负责人	10月	
2	财务专业人员的财税知识培训	《免抵退税务原理及实操》	财务负责人	第二年1月	
3	预算管理知识培训	提供部分预算模板	财务负责人	第二年12月	
4	财务军团（账、钱、税、控、器等5次，每次2天，共10天）	财务部门人员整体提升、胜任能力、储备干部	财务负责人	第二年12月31日前	

医疗美容企业的跨国税务筹划

1.为了夫妻不再吵架

在“老板财务管控”课程上，曾经有一家专门做医疗美容的企业让我印象较深。该企业老板上完财务课程后，一次性购买了60个课程名额和门票送给其上下游企业的老板。复训时，每天晚上拉着高管们开会到凌晨1点多。

我一直觉得这个老板非常聪明，有潜力、有格局，也非常大方。他的企业规模并不是很大，年营业额在7000万元左右（做完财务咨询以后，年营业额增长到了5亿元）。

该企业的财务总监是老板娘，在财务咨询项目启动会上，她说了一句非常有意思的话：“我俩的夫妻感情一直挺好的，但是每次吵架都是因为财务问题。如果花100万元做财务咨询，能让我们不再吵架，我觉得值了！”

2.财务体系构建任务繁重

该企业的财务问题诸多，比如营销人员的提成计算、奖金发放不及时、报表数据错误；老板娘作为财务负责人，是搞艺术出身的，完全不懂财务；企业仅仅处于流水账阶段，流程、制度几乎一片空白。

因此，针对这些问题我们给这家企业做财务系统咨询时将涉及股权架构、账务体系、财务信息系统（金蝶K/3软件）、成本核算体系、管理报表体系、内部控制体系等财务体系的多个方面。

随着企业业务规模的不断扩张，原先的财务体系已经严重制约了业务的发展。其中比较重要的一个问题就是税务筹划与税务筹划方案的设计，尤其是，涉及国际的税务筹划设计与实施。

3.境外税务筹划的案例

医疗美容行业当下这个阶段是比较火热的行业，不仅存在税收问题，也存在着其他的财务问题。比如许多客户都是不需要发票的、毛利润超高、发票使用混乱、账簿混乱、两套账、佣金比例高、个人所得税未代扣代缴等。

下面主要介绍一下该企业是如何通过财税规划实现减少支出的。

原本该企业主要分为三个板块（见图 7-1）：医疗板块，包括医疗服务、医疗设备租赁、医疗咨询服务；美容板块，包括美容、整形、排毒服务，美容产品销售，美容设备租赁；产品与服务板块，包括化妆品研发、化妆品生

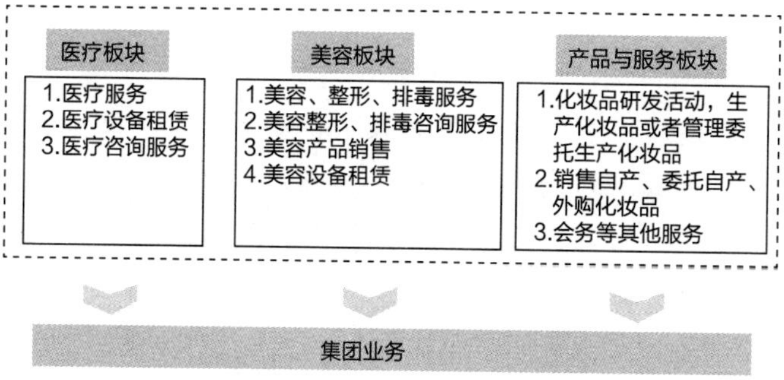

图 7-1 某医疗美容企业的三大板块

产或委托生产、会务等其他服务。

表 7–4 某医疗美容企业的业务规划

业务分部	·境外医美项目 ·专业咨询项目 ·医疗、美容机器租赁项目（未定） ·商标权、其他知识产权提供	香港公司
	·投资业务 ·医疗项目（中国法律界定业务范围并取得相关资质等准入性条件，包括咨询） ·医美项目（境内执行项目，包括咨询） ·提供医美相关委托服务（中国法律允许范围内） ·产品销售（包括电子商务、产品不限于医美产品，包括各种渠道） ·产品研发、委托生产、生产（未来 BM 在中国境内资产重点） ·会务等其他服务	境内公司

经过深入研究分析，我们给出了如下建议。

在业务模块方面，为了后面整体的税收考虑，将境内公司和香港公司进行分割。把这家企业境外的医美项目和专业咨询项目等放到香港公司，包括商标权和其他知识产权；境内公司主要包括投资业务、医疗项目、医美项目，还有具体的产品销售、研发，等等。

在整体组织架构方面，由香港公司负责企业的咨询设计商标权等，然后香港公司来持有上海投资公司的股份，上海投资公司负责投资、医疗、美容、销售、会务、研发等，并且把这些进行拆分。

在税务筹划方面，采用香港公司为境内公司提供境外医美相关服务的形式，然后与境内公司进行费用分摊，这

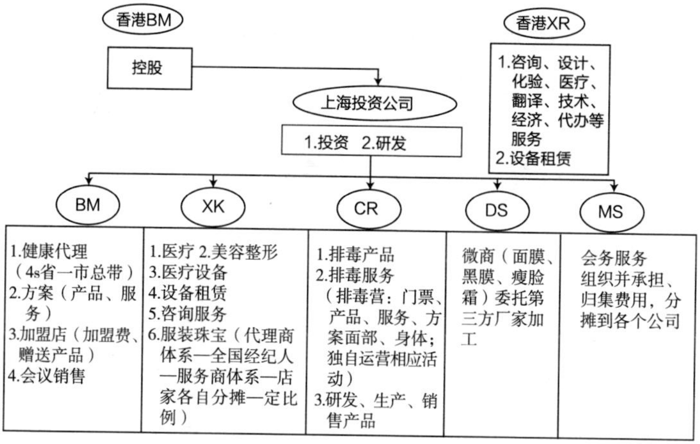

图 7–2　某医疗美容企业的整体架构设计

样做是因为中国香港与内地之间有一些税法上的差异，这个差异就是企业做税务筹划的空间。针对香港公司为境内消费者提供境外医美服务和境内公司为境内消费者提供医美服务等不同模式，我们设计出不同的税务筹划业务模式。

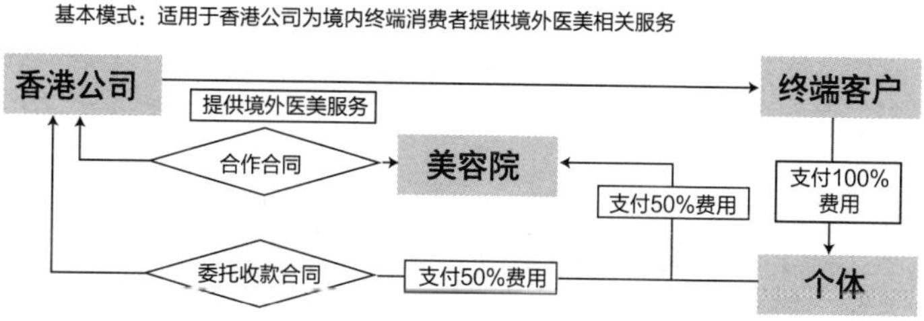

图 7–3　香港公司为境内终端消费者提供服务的模式

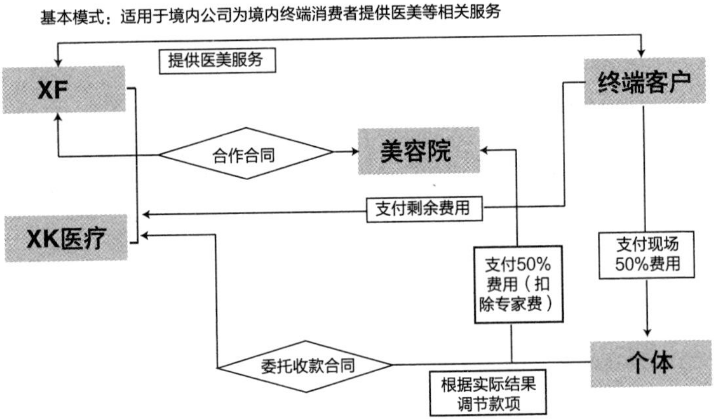

图 7–4　境内公司为境内终端消费者提供服务的模式

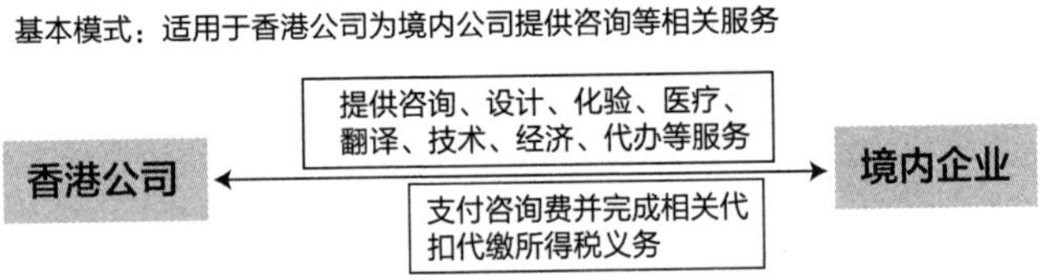

图 7–5　香港公司为境内公司提供相关服务的模式

材料公司的财务体系升级

有一家做保温耐火材料的广东企业，年营业额在 1 亿元左右，虽然规模不大，但是财税问题不少。

1.寻觅财务课程

这家企业的老板想找个通俗易懂的财务课程学习，但一直没找到合适的。企业每个业务部门领导都有一堆财务问题，但是找不到解决方案。后来在第四任财务经理的推荐下，他到武汉参加了我的财务课程，并马上邀请我给他们企业做财务体系升级辅导。

深入该企业后我了解到，该企业曾发生不少事情。第一任财务经理，因为财务问题被判有期徒刑5年。因为偷税的问题，该财务经理把所有违法责任全部承担了，目前仍服刑之中。第二任财务经理，为了应对税务稽查，一个人晚上在办公室加班整理财务资料时突发脑梗过世了。第三任财务经理因经验不足、阅历浅，听说税务要来稽查，直接辞职走人了。第四任财务经理非常有智慧，能力和人品都很不错，但是进公司一周后，知道前三任财务经理的情况，心里非常不是滋味，但也不好意思拍拍屁股走人，只好硬着头皮开始梳理财务体系。一个偶然的机会，听了我的《大财商：老板如何掌控财务》的视频，便推荐他的老板参加了我的财务课程。

2.财务问题非常严重

我们派咨询老师去该企业，花了4个多月的时间梳理和升级其财务管理体系。这个企业存在诸多财务问题。比如，这家企业每年至少产生800万元的废品，却不知道如何处理。这家企业是订单式生产，老板不知道每个项目赚多少钱。财务与业务脱节，财务人员拿到的数据都是3个月以前的，因此做的数据统计并不准确。财务数据不准确，老板自然不知道项目赚了多少钱。还有就是财务人员经常忘记还贷款的时间，时常让老板感到非常被动，甚至不得不去借高利贷，有的时候超过了还款时间，让企业的信用受到了损害。

此外，就在做咨询的前一年，这家企业光购买增值税专用发票就花了150多万元，这是一个非常严重的问题。

3.构建财务体系之具体事项

针对这家企业存在的种种问题，我们咨询团队花了3~4个月的时间帮企业构建财务体系，解决实际问题，下面列举几个事项。

第一，对于800多万元的废品。建议把废品委托加工粉碎以后继续当原材料使用。但是从工厂拉出去多少钱的废品、有没有再拉回来、拉回来多少需要人监管。二次利用的原材料，需要重新制定配方，如果由于配方调整不及时导致该企业的残次品率上升，则可通过设计流程和表单解决。

第二，老板不知道每个项目赚了多少钱。咨询老师通过在ERP（企业资源计划）财务信息系统中把供应链体系利用起来，进行数据信息的归集，并出具系列《项目利润管理报表》，解决了老板的问题。

第三，针对财务和业务完全脱节、不沟通的问题。咨询老师通过流程再造，即重新设计进销存流程、生产领用流程和产成品入库流程等解决了该问题。

第四，针对财务人员忘记还贷款的问题。咨询老师帮助建立了一个Excel模型，每到还款时间，这个Excel模型会自动提示财务人员。

第五，针对经常购买增值税发票的问题。财务咨询老师通过设计税务筹划方案，把企业的税负降低，避免购买增值税进项发票。并且在建设财务体系时，把两套账合二为一，成功规避了企业的风险。

财务咨询老师在给企业解决问题的时候，用到了一些工具。比如产品质量提升控制表、信贷风险控制明细表、委托加工业务流程图等。

4.老板终于对财务放心了

财务梳理顺了，企业风险小了，老板终于敢较长时间出差了。2018年3月，老板去海南三亚参加了一个“智慧修炼”的课程。期间，给我们的财务咨询师打来电话。“非常感谢各位老师们的帮助，苦恼了几年的财税问题，终于解决了……”

制造企业的财务体系再造

1.企业发展背景

北京某机械设备有限公司是一家集技术开发、产品设计、生产制造、售前售后服务为一体的专业生产热收缩包装设备、装箱机、码垛机的现代化企业。公司成立于2001年，注册资金500万元，建筑面积约11000平方米，年营业额达1.6亿元。

目前已成为汇源集团、可口可乐、达利集团、统一集团、康师傅、哈药集团、青岛啤酒、王老吉等知名品牌的包装设备合作伙伴。产品远销北美、非洲、中东等60多个国家。近300家供应商，销售网络遍布全国各地，近2000家客户。

企业的产品以订单式非标准产品为主，单品产量较低，但其整体盈利能力较强。随着快消品市场的日趋成长，对包装产品的需求不断增加，企业发展前景非常好。

2.财务咨询的交付内容

该企业董事长上完财务系统课程之后，邀请我们进企业做财务咨询服务。

咨询合同约定，咨询项目最终交付包括：财务支撑体系、账务核算体系、成本核算体系和资金管理体系、税务管理体系、业务流程体系、管理报表与分析体系，以及相关方面的管理制度、流程、报表、工具表单等方案的设计和实施，并重点协助企业的ERP信息系统实施方案的设计。

在咨询调研期间，我们还协助该公司进行了ERP项目的硬件选型、软件选型，确定选用了金蝶K3作为ERP实施的企业管理软件。

3.账系统存在的问题

原先的账系统目前分为内账、外账，还有手工登记的债权债务的往来台账等。

内账，由 2 名财务人员负责，采用速达财务软件进行记录。由于物料编码出现大量的“一物多码”的现象，致使存货收发存核算混乱，以至不能为成本核算提供准确的物料消耗数据，也没有真实完整的存货核算，最终停用了该供应链系统。

外账，采用的是用友软件做总账核算，由 1 名财务人员负责。此外，为满足往来管理的需要，手工建立了债权债务往来款明细登记台账。记账工作存在大量重复劳动，并且手工记账极易产生错误，还占用大量的人力资源。

从两套账核算的情况看，两套账之间既不是互补关系，也不是包含关系，导致两套账均不能真实反映公司的资产债务情况和生产经营情况。

从两套账和往来台账核算管理的情况来看，公司财务工作只是起到了报税和出纳管钱的作用，从哪个方面都不能全面地反映公司的资产情况和经营业绩情况，也不能准确地核算实际生产成本，更不能为公司经营管理和经营决策提供有用的财务信息。

4.财务体系的部分问题

由于问题太多，这里无法把所有的问题具体梳理出来，只能摘录几条以供参考。

（1）财务人员整体水平低。

现有财务人员的整体水平低，不足以支撑企业发展战略。由于两套账使用不同的软件会造成财务工作的大量重复。财务人员偏少、岗位分工不明确，不利于财务整体工作质量和工作效率的提升。

（2）在采购环节存在问题

大宗材料采购没有设定寻价、比价、招标流程。采购部门自行与供货商签订采购合同，合同未经财务部等相关部门会审。采购合同未载明采购价格是否包括相关税金，且未约定是否开具发票和开具时间等要素。

（3）原材料库存账实不符。

财务按实际收到的进货发票确认存货增加，未按实际验收入库确认存货增加。由于没有实际成本核算，其内账中完工产品成本是按计划成本从原材料科目结转到产成品科目，最终造成产品生产成本不实，多转材料成本，几年下来形成大量的原材料负库存，结转销售成本后，出现大额的账面利润亏损。最终造成其账面数据没有任何参考和利用价值。

存货管理没有落实定期盘点制度，就不能明确掌握到底有多少账存在实差，更不会分析处理账实不符业务，最终导致差异越来越大。

有呆滞料管理办法，但未在产品设计和生产中得以实施，致使呆滞料越积越多，有的已变成了不能利用的废料。未及时办理不能再利用配件等原材料的报废处理。

（4）产成品账实不符。

截至 12 月 31 日，外账产成品是零库存，内账产成品库存106万元，内外账中也均没有未完工的产品。这与企业的实际业务极不相符，形成的原因是：在外账中是在销售收入确认后，按成本数据需要推算出销售成本数据，再倒推出原材料消耗数据，根据需要结转产成品生产成本，最终外账中只有原材料余额，没有产成品余额。这极不符合生产型企业的业务逻辑和常理，也有极大的风险。

（5）债权和债务的核算问题。

从账面上根本不能正确真实反映实际应收账款情况。财务人员没有按业务发生情况及时完成债权债务核算。由于存在货物流与票据流、资金流不统一的情况，而业务与财务之间也未能及时沟通反馈，造成一个业务在多个往来单位上体现。

（6）发票问题严重。

材料配件、设备采购及其他因公消耗等支出业务，无票支出和报销的业务较多，造成公司大量的成本费用不能从税前正常列支。造成的原因主要有：对索取票据方面意识不强，为了省事不向商家索要发票；选择了不能开具有效发票的小型供应商；为了节省两三个点的采购成本选择不要发票；在合同中没有约定发票出具的要求，造成商家拒绝开票或加税点才给开票。

5.股权架构重新设计

在咨询过程中，我们对北京某机械设备有限公司现有的股权进行了改造。通过股权转让等方式，将投资人变更为北京某科技投资有限公司（投资公司），以实现法人对所属企业的控股，在实体产供销公司中不出现老板家族的自然人股东。这样做的好处有：

（1）集团公司将提升企业的社会品牌形象和市场地位；

（2）投资公司一般不开展业务，只作为下属企业的投资公司，与运营实体分开，有利于所有权和经营权的划分，有利于企业的长远发展，也有利于家族财富传承；

（3）投资公司就是家族的“钱袋子”，家族股东从各运营公司分得的利润，即投资收益，放在投资公司，可以避免20%的个人所得税；

（4）投资公司注册时，经营范围可包括提供咨询服务，以向子公司提供咨询的方式收取收入，避免13%的增值税，同时降低子公司的企业所得税；

（5）在北京某开发区成立的以新产品研发设计为主业的北京某高科技有限公司，可申请为高科技企业，享受税收优惠政策；

（6）家族股东的车辆等资产可以投资公司的名义购置；

（7）核心的无形资产可以放在投资公司，以保证其安全；

（8）家族之外的股东参股，控制在运营公司层面，与家族股东分开；

（9）方便集团公司之间资金调拨，提高资金使用效率。

6.财务体系落地的工具

“问题靠梳理、系统靠建设、方案靠设计、工具（流程、制度、表单）靠执行、结果靠追踪”。通过公司一段时间的上下联动、目标明确、深化实施，切实提升了公司

名称	类型	大小
jc-ycwd-01-企业财务系统咨询方案书-20xx0511.docx	Microsoft Word ...	533 KB
jc-ycwd-钱-01-月度营运资金收支滚动计划20xx0920xx.xls	Microsoft Excel ...	83 KB
jc-ycwd-钱-02-资金及费用报销审批单等工具表20xx0616.xls	Microsoft Excel ...	195 KB
jc-ycwd-钱-03-现金及银行存款收支余日报表 - 20xx10.xls	Microsoft Excel ...	40 KB
jc-ycwd-钱-04-库存现金盘点表 - 20xx10.xls	Microsoft Excel ...	29 KB
jc-ycwd-钱-05-银行存款余额调节表 - 20xx10.xls	Microsoft Excel ...	59 KB
jc-ycwd-钱-06货币资金日常管理制度20xx06.docx	Microsoft Word ...	22 KB
jc-ycwd-钱-07差旅费标准制度（试行OK）20xx0508.doc	Microsoft Word ...	911 KB
jc-ycwd-钱-08费用报销管理规定(试行OK)20xx0508.docx	Microsoft Word ...	863 KB
jc-ycwd-钱-09营运资金支付管理规定（草案）20xx0615.docx	Microsoft Word ...	32 KB
jc-ycwd-钱-10产品销售业务财务管理制度20140720xx.docx	Microsoft Word ...	29 KB
jc-ycwd-钱-11应收账款管理制度20xx06.docx	Microsoft Word ...	27 KB
jc-ycwd-钱-12应付账款管理制度20xx06.docx	Microsoft Word ...	23 KB
jc-ycwd-钱-13材料采购业务财务管理制度20xx07.docx	Microsoft Word ...	35 KB
jc-ycwd-钱-14财务印章管理制度20xx06.docx	Microsoft Word ...	24 KB
jc-ycwd-钱-15工资及社保工具表单模板2张.xlsx	Microsoft Excel ...	100 KB
jc-ycwd-税-01经济合同管理制度20xx0720xx.doc	Microsoft Word ...	874 KB
jc-ycwd-税-02合同协议审批单.doc	Microsoft Word ...	56 KB
jc-ycwd-税-03合同(协议)台账-模板-20xx08.xlsx	Microsoft Excel ...	22 KB
jc-ycwd-税-04企业税务管理制度(草案)20xx06.doc	Microsoft Word ...	42 KB
jc-ycwd-税-05增值税专用发票特别核查管理制度20xx0615.doc	Microsoft Word ...	30 KB
jc-ycwd-税-06上缴税费统计及纳税评估表.xls	Microsoft Excel ...	38 KB
jc-ycwd-税-07企业票据管理制度20xx06.doc	Microsoft Word ...	46 KB
jc-ycwd-战略-01股权架构图-20xx03.xlsx	Microsoft Excel ...	33 KB
jc-ycwd-战略-02财务部组织机构20xx03.xlsx	Microsoft Excel ...	30 KB
jc-ycwd-战略-04经济事项及重要事权权限分工20xx04(草案).xls	Microsoft Excel ...	206 KB
jc-ycwd-账-02账系统-核算方案及建账体系-20xx0430.xlsx	Microsoft Excel ...	5,115 KB
jc-ycwd-账-03 K3系统供应链操作流程-20xx09.xlsx	Microsoft Excel ...	186 KB
jc-ycwd-账-04费用明细科目核算内容-20xx0404.xlsx	Microsoft Excel ...	93 KB
jc-ycwd-账-05财务核算基本制度20xx0615.docx	Microsoft Word ...	33 KB
jc-ycwd-账-06成本核算财务管理制度20xx09.docx	Microsoft Word ...	36 KB
jc-ycwd-账-07存货财务管理制度20xx07.docx	Microsoft Word ...	23 KB

图 7-6 企业落地使用的部分文档目录

的全面财务规范管理。

我们花了4个多月的时间给该机械制造企业建设财务系统，其中做了大量的工作，包括ERP软件的采购谈判、财务人员的招聘面试，都由我们主导。甚至新设立的几家公司的名字，都是我根据易经八卦测算后亲自取的。

最终交付落地使用的电子文档共有87份。包括咨询方案书、月度运营资金计划、收支滚动预测表、财务印章管理制度、经济事项及重要事项权限分工、应收账款管理制度、合同协议审批单、财务核算基本制度、固定资产管理制度、成本计算及分摊工具表等。图7-6展示了这家企业落地使用的部分文档的目录。

营销财务管控体系的咨询

1.老板为缺钱发愁

江苏某制药企业年销售额达3亿元，但是老板一直为企业缺钱苦恼。近三个月，企业缺钱的程度比半年前更糟糕了，银行账上的日均金额比三个月前下降了近50%。老板要求财务经理天天汇报银行存款的余额，他好安排每天签字付款的时候该付出多少钱，以免银行存款被透支。由于账上的资金十分紧张企业该买的设备不买了，该给销售员的上半年销售提成都被推迟了。

这个老板是个营销高手，近三年来，考虑得最多的是如何卖出更多的产品。今年的销售额比三年前多出1亿多元。虽然销售在增长，但钱去哪儿了呢？老板问财务经理，财务经理也说不清楚，只说应收账款、存货金额多少……老板也听不懂。

2.抓销售还是抓财务

当企业做到一定规模，老板必须要转变思路，由抓销售转为抓财务。许多老板认为抓财务没用，因为财务都是花钱的，不是能赚钱的。营销型的老板长期不关注财务，导致财务问题越积越多，最终导致企业关门。

3.财务诊断时的几个问题

经朋友介绍，该企业老板上完我的财务课程之后，邀请我们团队上门做财务诊断和咨询。

（1）为什么卖货越多反而企业越缺钱？

企业缺钱的一个主要原因是卖出去的货收不回钱，因此卖的货越多企业就越缺钱。

例如：对比上一年，以牺牲收款为代价向客户销售产品，今年应收账款增加了1亿元，企业的钱都投到了客户身上，投入的资金越多，企业就越缺钱。

（2）财务对营销进行财务管控吗？

财务经理说财务应对销售进行管理，如，开票管理、发货管理等，财务都要在单据上签字等。但是，到底哪类客户欠款最多呢？要不要定期召开应收账款的专题会议？

公司应收账款中超过3个月以上的客户有多少？分析过这些应收款都是哪些销售员造成的？对销售员考核应收账款吗？在销售会议上有没有详细的销售明细表来分析每家企业的实际欠款情况？公司对客户进行信用管理吗？对长期欠款的客户有催收机制吗？这些问题，老板和财务经理都回答不上来。

4.营销财务管控体系咨询

虽然财务不能直接增加销售额，但营销财务管理能使企业降低销售费用和加快销售回款，降低销售坏账的可能性。只要企业的财务对销售的管理到位了，能让企业做到少花钱、快收款，营销财务管理做好了，企业还会缺钱吗？

营销上的财务管理是一项系统工程。需要从销售的源头就把收款作为头等大事。

营销财务管理的目的包括：降低销售风险、降低销售成本、加快销售回款、合理激励销售员等。

咨询项目实施流程有以下四步，如图7-7。

一、初步调研	二、深度调研	三、咨询方案	四、实施辅导
• 企业产品、客户、销售流程、物流 • 企业销售组织结构、管理和薪酬 • 财务对销售的现行管理、账务处理	• 应收账款客户分析、形成原因分析 • 现有流程和制度问题和失控原因分析 • 结合业务梳理营销财务管控体系	• 营销财务管控体系流程和制度方案 • 销售信用管理和应收款管理方案 • 应收款责任与销售业绩挂钩机制方案	• 培训和指导财务和销售人员理解和使用该体系 • 后续辅导和优化营销财务管控方案

图7-7　咨询项目实施流程

5.实施后的显著变化和效果

营销财务管控体系的落地和实施，让企业的销售活动处于有序的管控状态，出现坏账的概率下降了，应收款的总量规模可控了。有了系统的支撑，老板能够更全面地掌握销售和回款的实际情况，可以从容地调整公司产品及定价策略，更合理地制订销售策略和激励计划，企业的资金流宽裕了，老板做企业就轻松了很多，见图 7-8。

主要变化	实施之前	实施之后
财务数据更准确、及时	财务提供的应收款明细不准，跟客户对账出入比较大，收款时间被耽搁	财务能准确提供客户应收款明细，财务按客户进行收款辅助核算，财务记账和业务同步，账务及时处理
财务推进全面应收款管理	财务提供不了客户欠款的发生时间和报告，财务也主持推进不了应收款管理专题会议	财务主持定期召开应收款专项会议，按客户欠款报告逐个客户分析和落实应收款催收和跟进责任
事前防范应收款风险	企业根本不能做到对客户进行应收款事前管控和风险防范	健全了信用管理体系，对客户建立信用档案和客户分级授信体系，减少了不良客户导致的应收款损失风险
决策层对销售收款掌握更真实全面	财务给老总和决策层提供不了销售和应收款有关的管理报告，决策层不能根据真实的数据做销售管理	健全了营销财务分析报告，提供给老总和营销负责人全面真实掌握销售和回款的真实信息和分析报告
更明确应收款责任考核可量化	数据滞后导致对销售员进行应收款与业绩挂钩的考核推进很慢，很难及时考核与落实责任	为每名销售员建立了销售业绩及应收款明细报告，实施销售员应收款第一负责人机制与绩效直接挂钩

图 7-8 系统实施前后的变化

汽车驾校的财务流程再造

1.财务咨询是“一把手”工程

财务咨询必须是“一把手”工程，没有老板的强势推动，财务系统和流程就很难建立。因为高管有时会成为建设系统的阻力，有的是有私心或个人利益，有的是思维和格局没有跟上，导致好心办坏事。

有一个汽车驾驶培训学校，每年能培养1万多名驾驶员。校长（老板）是一位53岁的女企业家，非常有责任心和大爱，她经常说“道路安全从我们这里开始”，企业的“家文化”非常好，但是财务系统非常薄弱。

校长听完我们的“财务军团”训练课程之后，请我去做财务体系与薪酬绩效咨询。在我出发前，还特意叮嘱我合同上面的金额不要写太高，120万元的咨询费用，合同上面只需要写60万元就可以了，剩下的60万元，用她个人银行账户支付，不写到合同里。

我感到很好奇，去了这家企业之后才知道这家企业的高管群体和其他企业不一样。如果老板要花120万元做咨询，几乎所有的高管都会反对，他们会觉得老板疯了！

该企业的工资体系也比较独特。十五六年来大部分高管每个月的固定工资只有5000元，老板对他们的激励就是“红包”。比如财务部长或办公室主任的孩子要结婚，老板会带着5万元来贺喜；孩子要出国留学，老板又会带着5万元的红包来祝贺……由于老板富有爱心、会做人，让所有的高管凝聚在一起，甚至把企业当成自己的家。

但是，高管们的眼界、思维、格局都无法和老板相比。在高管看来咨询的这120万元要是用来发工资，可以发多少年啊！

2.阻碍企业进步的是"忠臣"

我带着合同来到企业后，第一个反对的就是财务总监（女，55岁，实际上是管钱的出纳）。她表示非常不理解，自己在这家企业做了15年的财务工作，为什么还要花钱去做财务咨询，有什么事情自己就可以做了。

在企业的发展过程中都有一些功臣为企业立下了汗马功劳，对企业忠贞不贰，但是有时候他们也会成为影响企业发展的最大阻力。

校长还给我们举了一个例子。驾校非常注重客户的满意度，所以并不缺生源，缺的是训练场地。

2005年，她想买一块地做训练场，当时那块地大约是570万元，结果财务总监和办公室主任都说太贵了，没有那么多钱。就在他们争论和犹豫的过程中，那块地就被别人买走了。

2007年，校长又听说有土地要拍卖，这次只好一个人偷偷溜去，根本不敢让高管知道，最后买了一块地，否则企业根本不会有今天的规模。

后来，我派了财务咨询师团队，给企业做了半个月的财务咨询，财务总监才恍然大悟，原来企业在财务方面有这么多亟待解决的问题。

这里以两个流程为例，可见其建立的效果立竿见影。

3.财务流程之收款流程再造

第一个流程是招生的收款流程。

以前，学员交费要交两个部分：一部分是4500元的学费，这笔费用是交给学校的；另一部分是670元的考试费用，这笔费用最终要交给交警队，不归企业支配。

因此，财务人员不愿意把这笔钱记入企业账上，避免为此多交税，于是就让学员把考试费以现金的形式单独交上来，导致学员报名时还得去找地方取现金，很不方便。

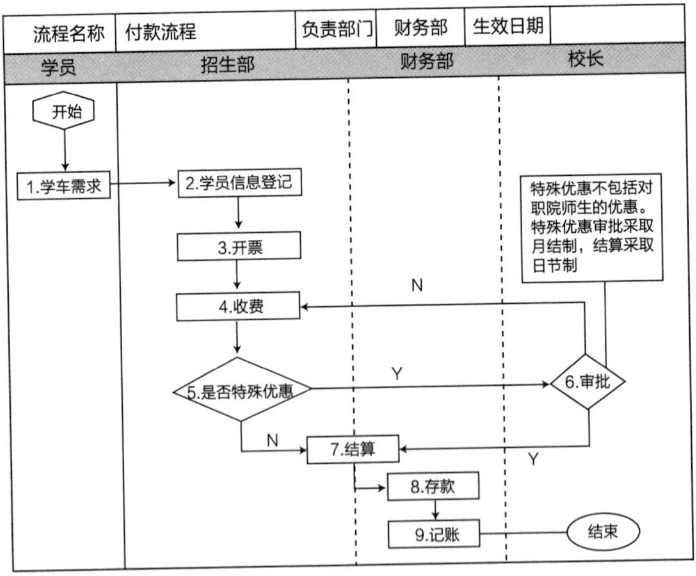

图 7–9 收款流程再造

由于这笔钱不能记入公司账户，最终被存放在招生部部长的私人银行账户上，导致数十万元的沉淀资金没能进入公司账户接受监管。

我建议把这笔钱交给财务部，避免学员交两部分费用，而且这部分费用其实不用交税。税法规定，企业替行政事业单位代收的费用实际上是可以不用纳税的。

4.财务流程之退费流程再造

第二个流程是退费流程。

有些学员在学习过程中会遇到突发情况，不能继续学习，就会找学校退款，以前的退款是直接去招生部。这种做法非常不好，招生部在招生的时候已经很忙了，如果这个时候有人来咨询退款的事情，无疑会增加招生部的工作量，如果遇到一些态度不好的学员，肯定会给招生部的工作带来不便。

梳理后的流程是设立了“四道劝解”程序，并且在原来招生部、教学部、财务部的基础上，又增加了品牌部，并且由品牌部负责第四道劝解，如果学员还是坚持退款，则由品牌部的人去招生部开具红票学籍注销，最后由财务部给学员退款。

财务部后来告诉我们，这一套流程设立以后的 5 个月来，没有一个学员退款。

经过整治，这家企业的经营越来越好。所有人都看到了效果，三个月后，财务总监主动把 120 万元的咨询费用汇给了我们，我们也把老板个人垫付的款项退了回去。

表 7–5　收款流程的具体步骤

步骤	工作内容的简要描述	关键步骤注意事项	重要输出
1	学员产生学车需求		
2	登记学员信息		学员信息登记表
3	开具发票		预收单（规费） 发票（培训费）
4	收取费用	（1）驾驶小车培训代收代缴的570元的规费同时符合营业税暂行条例规定的代为收取的行政事业性收费的单个条件，不属于营业税规定的价外费用，在收取规费时已不存在税收障碍，为方便学员，总校报名点培训费和规费缴纳以现金或者刷卡方式进行均可；二大队报名点培训费和规费均以现金方式收取 （2）资格证考试、摩托车考试规费和培训费总计金额较少，为方便财务核算，这部分收费仍按照现金方式收取	
5	特殊优惠人员判定	特殊优惠不包括对职业技术学院师生的普遍优惠	
6	特殊优惠审批	特殊优惠发生以校长事前同意为前提，招生部在基础上进行开票与收费，每日根据开票收款金额跟财务结算，月底统计全月优惠学员名单报校长集中审批	优惠学员名单
7	结算	（1）为规范资金管理，结算内容应包括规费和培训费两部分（包括小车和资格证两类）。之前因为考虑到规费的税务障碍，规费收取一直以现金方式进行并且暂由招生部对规费进行管理，规费税务障碍消除后（财务应尽快取得符合三个条件的证明），应将规费纳入财务核算进行规范管理 （2）规费的结算程序:之前招生部管理的规费应以某一时间点为界进行清理，时间点之前发生的根据清理结果进行相应的账务处理，时间点之后发生的全部交由财务进行管理 （3）摩托车一般为当天报名当天考试，为方便工作，这部分规费仍旧归二大队报名点自行管理，财务应起到监督职责。资格证参照摩托车规定执行	
8	出纳银行存款		银行存款单
9	记账	根据结算及存款单据。会计进行账务处理	会计凭证

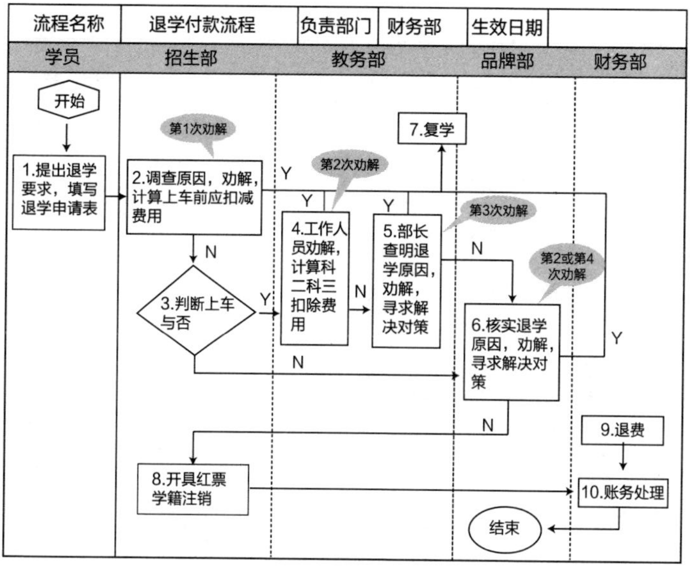

图 7–10 退费流程再造

5.建设财务系统的方法

建设财务系统有三种方法，具体如下：

第一种方法是企业招聘财务人员，自己建立财务系统。很多民营企业的财务人员没有在规范的、系统的企业里工作过，他们不知道一套完善的财务体系是什么样子，这样的财务人员是无法建立财务体系的。

第二种方法是找咨询公司来建立财务系统，这种做法效率高、见效快而且效果有保证，但是需要花钱。一般情况下，一个咨询项目报价都在 80 万元以上，如果请一些

表 7–6　退费流程的具体步骤

流程步骤	工作内容的简要描述	关键步骤注意事项	重要输出
1	学员产生退学需求填写退学申请书	退学申请书统一在招生部领取	退学申请书
2	招生部调查学员退学原因，计算上车前应扣费金额	招生部应设专人处理学员退学事宜，初步调查学员退学原因并进行劝解，劝解无效在退学申请书上填写前三项费用扣除金额	退学申请书
3	招生部根据记录判断学员上车与否		
4	教务部工作人员进行协调劝解，计算应扣费金额	如学员已经开始上车学习，应到教务部总教练处办理下一步手续。总教练进行协调劝解，如劝解无效，安排工作人员统计学员上车小时数。计算应扣费金额。在退学申请书上填写第四项内容，并就前三项计算出总扣费金额	退学申请书
5	教务部部长审批	教务部部长查明退学原因，进行劝解，劝解无效进行审批。在申请书上签字批准，事后应积极寻求此类问题发生的解决方案	退学申请书
6	品牌部审批	品牌部进行最后劝解，如劝解无效，由品牌部工作人员持学员退学手续到招生部开具红票；品牌部工作人员记录退学情况，根据管理要求做年度或季度或月度退学情况分析报告。品牌部应积极寻求此类问题发生的解决方案	退学申请书
7	劝解成功，复学	四个劝解点，任一劝解成功，学员复学	
8	招生部办理学籍注销手续并开具红字发票	劝解无效，招生部根据品牌部转来的退学手续开具红字发票，由品牌部工作人员将各项手续给到退学学员。招生部根据各级批复办理学员学籍注销手续	退学申请书 红字发票
9	财务部办理退费手续	财务部会计人员审核退学各项手续是否完备，如完备出纳办理退费手续	手工红字冲销凭证
10	财务处理	财务部会计进行账务处理	电脑记账凭证

大公司做咨询，基本上不会低于四五百万元。

第三种方法是众筹做咨询。所谓众筹做咨询，就是几家要建设财务系统的企业分摊费用。

6.财务系统建设四大步骤

第一，要解决老板的财务问题，换句话说，老板一定要成为一个懂财务的老板。

第二，解决财务系统建设的问题，这也是本书探讨的重点。

第三，在财务系统建立的过程中，为了能更好地落地，更容易贯彻执行，企业要打造一支财务军团，不至于让老板在蓦然回首的时候发现身后没有专业人员的支持。有了一支专业的财务军团，无论是想扩张还是想上市，都能得心应手。

第四，配合财务体系建设还要训练业务人员，把所有的中高管训练出大财商思维。大财商思维包括销售财务管理、生产财务管理、采购财务管理、运营财务管理，等等。我现在给企业做财务咨询和讲授财务课程，也是秉承着这几个步骤在执行。

精彩语录

1. 利润相当于面包，而现金相当于空气。没有面包还可以活几天，可是没有空气最多就活几分钟，这就是现金和利润的关系。

2. 存货就是“打了捆的钞票”，只是放在了仓库里而已。

3. 财务总监的价值之一就是成为公司管理成熟度提升的催化剂，让一切管理行为因为财务数据而产生一切神奇的化学反应。

4. 营销总监对收入负责，财务总监对利润负责！

5. 决策失误是公司最大的成本！

6. 财务管理是企业管理的核心，财务乱，企业必乱！

7. 在企业决策中，财务总监应该有一票否决权，这是财务总监价值的最好体现。

8. 民营企业财务管理级别，可以分为流水账级、糊涂账级、财务变革级、持续规范级、价值管理级。

9.财务人员数量与素质必须与企业的发展要求相匹配，“小马拉大车”是不行的。

10.企业做大=组织系统+营销系统+财务系统；企业做强=战略系统+文化系统+财务系统+产品系统+人才培养复制系统；企业升级=管理系统+财务系统+人才系统+产品系统。经营企业，无系统，不发展！

11.企业财务管理是对企业价值进行管理的技术。管理=艺术+技术。管理技术=细化+量化+记录+评价+考核。

12.企业财税风险时时存在，当我们意识到风险的时候，风险就已经降低了一半！

13.把企业比作是一个人的话，那人力资源组织系统与财务系统就是这个人的左膀右臂。

14.世界上最简单的事情就是犯错。企业财务管理一定要严谨，财务人员千万不要犯错。因为无论是企业发展的风险，还是老板的个人风险都维系在财务身上。

15.企业里有三种语言：业务语言、会计语言、管理语言。财务人员常犯的错误就是用专业的会计语言去跟其他部门沟通。

16.财务经理=财务+经理=技术+管理。

17.财务的第一大职能是服务，在服务过程中进行监督。

18.站在公司与管理角度，借助财务手段，打通目标、政策、单据、流程、科目、管理报表等“六脉神剑”。

19.让财务告别“小黑屋”，从此走出财务部办公室，服务业务、服务决策，成为老板真正的左膀右臂。

20.“不识庐山真面目，只缘身在此山中”，我们要跳出问题看问题。账务核算问题往往不是会计分录对与错的问题，而更多是财务对业务的渗透，对业务的管控深度与广度的问题。

21.会计是做账的人，财务总监是创造价值的人，会做账的会计很多，而擅长创造价值的财务总监却太少！

22.财务人员应具备的能力框架：专业技术能力（会计核算与财务分析能力、税务管理与避税筹划能力、成本管理与预算控制能力、资金计划与融资投资能力）；个人职业素养（呈现能力、逻辑能力、工具应用能力）；职业经理能力（沟通、交流能力和团队打造能力）。

23.业务单据是信息采集器。一张单据穿透管理，单据乱，财务乱，企业必乱！

24.管理需求，决定科目体系；科目体系，决定单据设计；单据设计，决定管理账本；管理账本，决定管理报表；管理报表，决定决策结论。

25.企业文化是保证所有人都愿意做；流程是保证所有人都会做；制度是让人必须做。

26.“没有规矩，不成方圆”，制度是公司的“法律”。制度是从人治到法治的结果，也是企业做大、可复制发展的必经之路。财务制度的根本作用是控制资金、管理资产、控制成本费用。

27.财务人员是老板的心腹，如果不是心腹，就可能成为心腹之患。

28.企业初创时期，资金流到哪里，管控就到哪里，没有资金的地方不用去管；但企业成长时期就一定要有专业的财务管理系统。

29.合理不避税，避税一定不合理。

30.老板应该做到：手拿报表，心中有“数”、洞察丝毫；运筹帷幄，决胜千里！

31.资产负债表是企业的“底子”，利润表是企业的“面子”，现金流量表是企业的“日子”。

32.成本管控的核心是砍掉浪费！砍掉损失！砍掉低效率！降低固定成本！但不要轻易砍薪酬！

33.做好成本管理，不一定能让企业做得更大，但一定会让企业活得更长。

34.公司价值=利润/风险。企业家的决策过程就是风险与收益的平衡过程。

35.财务的灵魂就是平衡，平衡赚钱与安全，平衡挣钱与花钱，平衡控制与效率，平衡战略与资源。

我能为你做点什么

老板的5个高频问题

1.企业想做股权激励，年终给高管分钱、分利润，用内账报表还是外账报表？如果用内账，高管立即获得举报老板的把柄。如果用外账，数据不全是真的。

要想股权激励，先要财税规范。

2.老板想学稻盛和夫的经营理念，想要阿米巴经营、量化分权、独立核算……但是财务是混乱的，账也是糊涂的，如何阿米巴经营？

要想阿米巴经营，先要财税规范。

3.老板想做绩效考核，启动绩效管理。考核指标来自财务数据，但财务数据是一笔糊涂账，该如何做考核？

以销售人员考核指标为例：销售额、毛利率、回款率、费用率、新产品销售占比、客户满意度。

要想绩效考核，先要财税体系规范。

4. 公司想上市或被并购，走向资本市场的最大障碍是什么？账务混乱与偷税问题。

要想上市或并购，先要规范财税体系。

5. 老板想传承，少帅要接班，是传承一个风险公司，还是传承一个财税体系规范的公司？

少帅的想法：工作时间“955”、双休、公私分明。一边钓鱼，一边打高尔夫，还要把公司做得比之前大两倍。

要想科学管理，系统授权，先要规范财税体系。

民企老板关心什么

老板不懂财务或者只重视业务而忽视财务，导致企业在财务领域出现损失，比如运营低效、利润率降低、投资回报率减少、风险增加、资金紧张、投融资困难……这些问题都是企业经常遇到的并令老板感到苦恼的。

财务管理的三大主题：增加利润、降低风险、增加现金流，这些都是老板关心的。但是问题如何解决呢？老板在经营管理过程中应该有一套怎样的思维体系？从哪找一套解决问题的系统工具？谁能帮老板做财务流程和体系的构建与执行？

总的来说，要实现上述三大目标，老板需要三个“一”：一套完善的财务系统、一名优秀的财务总监、一支胜任的财务军团。

我们要做什么

专注于财务管理实践，致力于财务技术的应用与开发，因为“爱财务、爱生活”的理念，我们一群从事财务工作的热心人士，在 2005 年创办了“中国财务技术网”。

财务技术网创立的前三年时间内，一直在做沙龙活动、高端财务课程研发等工作。数百场沙龙与课程研发的讨论，几十位财务高手的共同参与，研发了 60 多个财务课程专题。

2012 年，我们重新成立了“金财咨询”，并在原来的基础上，总结形成了后来带来数亿元销售收入的“企业财务系统”。

2009 年至 2019 年间，累计培训了 10 多万位老板、高管和财务人员。在这些培训过程中，也进一步升级了民企财务管理的课程体系。财务体系构建是民企成长中的必经之路。构建基于企业经营、管理需求的“大财务”，而不是建立应付税务局的“小财务”或“糊涂账”。

在帮助企业建立财务系统的过程中，我们发现企业老板普遍缺乏财务基础。老板懂财务是企业建立财务系统的基石，老板喜欢财务、有财务思维、擅长运用财务工具、知道向财务人员提要求、习惯数据化决策，是决定企业财务系统构建顺利的关键因素。

财务人员的胜任能力，决定企业的财务系统能否得到强有力的落地和执行。财务人员的专业技术、综合素养、职业经理的能力都至关重要，为企业打造一支“来之能战、战之能胜”的财务铁军，是 5000 多位历练过“财务军团”

训练营的财务人员所共同奋斗的目标。

“苗好，土壤也要好！”企业的高管环境决定财务与业务的一体化程度，高管有财商，能用财务的思维去思考业务，打通财务与业务的壁垒，用财务数据指导业务运营的方向，财务系统方能得以真正落地和通畅运行。

基于以上逻辑，我们设计了一个企业财务升级金字塔模型。如下图所示。

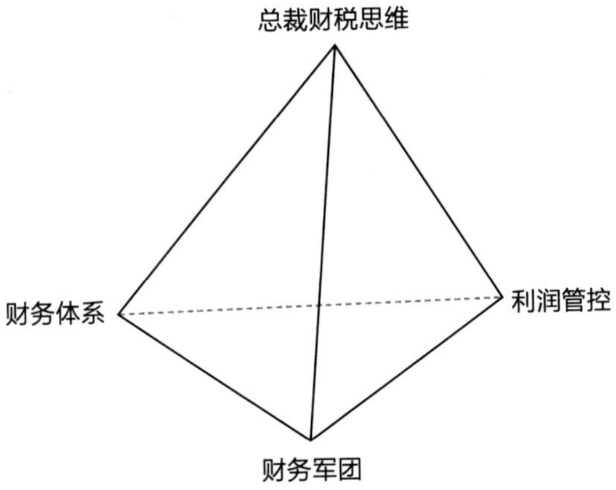

企业财务升级金字塔模型

我们能做什么

近20年来，我一直从事财务工作，包括财务分析、ERP信息化咨询、审计、IPO上市、财务治理等。这一路走来，特别是创办财务技术网、金财咨询以后，我始终坚持团队制胜的运作方式，建立了我们的课程体系、咨询体系和人才体系。

1. 财务升级之课程体系

一个懂财务的老板。“老板利润管控”课程主要起到财务的启蒙与普及作用，是一堂通俗易懂的老板财务学习课程。涉及内容包括：股权、税务筹划、利润提升、财务规范等。客户收获有：轻松看懂报表、实现利润增长、打通财务与业务壁垒等。

一套完善的财务体系。“财务体系”，一个专门帮助企业建立完善财务管理体系的咨询式课程。“老板+财务人员+财税咨询师+电脑+方案工具”，全面为企业梳理、建立财务五大系统和方案：财务战略与支撑系统、账系统、税系统、钱系统、财务管控系统。

一支强大的财务军团。“财务军团”是专门帮助老板训练其财务部门全体人员胜任能力的课程，结合了数百家企业的财务咨询经验，总结了300多条财务人员应该会却不会的技术绝招，提升财务技术、效率、忠诚度，重塑财务角色与使命，使其成为一名优秀的财务人员或一支强大的财务团队。

一个有大财商的高管团队。“总裁财税思维”是专门训练各部门经理、高管财商的课程。从财务运营的角度，提升利润率、加快周转率、管控财务风险。课程内容包括营销财务、采购财务、生产财务、研发财务、人力财务、运营财务、总经理财务等。业务人员懂财务，企业财务流程、数据化体系将产生巨大效能裂变。

2.财务升级之咨询体系

财务系统建设咨询，包括股权架构设计咨询、账钱税系统咨询、预算系统咨询、内控系统咨询、ERP信息化咨询、税收筹划咨询、并购重组与IPO上市辅导咨询等。

财务强则企业强，企业强则中国强。“金财”是我们的道场，财务是我们的手段，课程与咨询是我们“敬天爱人”和“普度众生”的媒介，我们已经做好了准备——用财务为客户创造价值。不敢言大，但求专精，将毕生精力投入企业大财务管理升级之中，这是我们可以做到的。

财务创造美好生活，爱财务，爱生活！

学员联名推荐

张金宝老师讲授的财务系列课程，通俗易懂，趣味生动，针对民营企业财务管理实践，落地性强。课程中的许多方法、技术和工具，对我们企业产生了实实在在的收益。其中大部分公司达到了利润提升20%以上（部分企业利润增长至400%以上）、财务税务风险大幅降低、现金流明显增加的效果。同时也建立了自己企业的管理“驾驶舱”和内部管理报表体系，能够轻松阅读财务报表，打通财务与业务的壁垒，可以用财务来管理业务与经营，为企业从“小财务”到“大财务”升级提供了技术保障。

我们很高兴看到，张金宝老师将他的部分财税思维与工具著作成书，让更多的企业家受益，让他们在财务管控与财务体系建设方面走得更加稳健，实现企业经营利润持续增长。在此，我们向全国所有的民营企业家联名推荐此书！（以下排名不分先后）。

◇食品/餐饮

河北金沙河面业集团有限责任公司 财务总监 闫翠丽

南阳市志尊餐饮管理有限公司 总经理 何　勇

北京漫水谣食品有限公司 总经理 李如成

青岛冠丰源餐饮管理有限公司 董事长 杨　杰

成都袁记串串香餐饮管理有限责任公司 董事长 袁　毅

湖北李二鲜鱼村餐饮连锁管理有限公司 董事长 李声平

山东满运肉类食品有限公司 总经理 李　霞

烟台鲁顺食品股份有限公司 董事长 张鲁霞

◇服装/纺织/服饰

杭州依目了然服饰有限公司 总经理 笪华英

重庆宝莱迪多贸易有限公司 财务总监 吕士臣

广州市乐一乐服饰有限公司 总经理 许全宏

浙江真利纺织有限公司 总经理 翁森源

福州欣盛服饰有限公司 董事长 金宁锋

绍兴柯桥实在纺织有限公司 董事长 唐华良

常熟欣鑫经纬编有限公司 总经理 黄忠清

武汉红人服饰有限公司 总经理 唐冠洲

宁波东西芳家纺用品设计公司 总经理 周　敏

◇零售/贸易/服务

南昌众德商贸有限公司 总经理 徐江丽

武汉宏达天地商贸有限公司 董事长 李仁林

石狮桦晨化妆品商贸有限公司 总经理 范美华

南京麦锡电子商务有限公司 总经理 周瀚岳

扬州凯来旅游用品有限公司 董事长 杭伟琴

巨日鞋业有限公司 总经理 孙红微

奇业（南京）游乐设备有限公司 财务总监 刘丽萍

昆明美之美美容化妆品有限公司 总经理 张志国
青岛千霖汽车销售有限公司 总经理 王书鹏
义乌市珂界进出口有限公司 董事长 刘 逸
绍兴县东帛进出口有限公司 董事长 金 燕
宁波摩多进出口有限公司 董事长 陈维真
温州汉臣商贸有限公司 董事长 周胜燎
恩施州新景添商贸有限公司 总经理 邱 恩
济南众康商贸有限公司 董事长 王庆彦
北京安寓辰保安服务有限公司 董事长 陈志强
莱芜市金凤城商贸有限公司 总经理 亓宏学
重庆市石柱县望途溪超市 董事长 王荣忠
山东如康集团 董事长 魏东晓
上海星期一有限公司 董事长 王雪静
◇教育/培训/咨询/文化/艺术
郑州利生科教设备有限公司 董事长 丁晓东
广东葫芦堡文化科技股份有限公司 董事长 徐 丽
南通弘文图书发行有限公司 董事长 朱明光
北京百思艺腾文化传媒有限公司 董事长 岳云飞
太原市晋文源图书有限公司 董事长 张良贵
哈尔滨积木世界教育咨询有限公司 董事长 刘志华
◇医药/医疗器械/保健
河北和亚医疗器械贸易有限公司 总经理 迟明艳
重庆能邦医药有限公司 总经理 邵 忠
韶关市卓兴药业有限公司 总经理 郑卓汉
郑州昌友医疗器械有限公司 总经理 魏新林
广州广众医药科技有限公司 总经理 李林华
湖南巴雷曼医疗科技有限公司 总经理 刘 韬/刘文刚

石家庄以岭药业股份有限公司 总经理　张　辉
山东一诺医疗器械有限公司 总监　李　雯
桂林漓峰医药用品有限责任公司 总经理　王进英
义乌市三溪堂国药馆有限公司 董事长　朱智彪
江西东森科技发展有限公司 董事长　吕正和
◇科技/计算机信息技术/通信/系统集成
天识科技有限公司 董事长　呙　平
贵州山子信息技术有限公司 总经理　周　徽
贵州揽丰科技有限公司 总经理　熊宝玲
西安瑞吉通讯设备有限公司 总经理　朱建平
爱土工程环境科技有限公司 总经理　周治安
杭州陆恒生物科技有限公司 总经理　包伟方
安徽中视网络科技有限公司 董事长　谢金堂
黑龙江聚时汇网络科技有限公司 总经理　周洪波
郑州市中牟县宇发通讯有限公司 董事长　刘文德
黑龙江宝昌农业科技开发有限公司 总经理　曹宝昌
临沂市京华生物技术有限公司 总经理　王正连
北京融威众邦电子技术有限公司 总经理　赵保翠
鸿合科技有限公司 副总裁　赵红婵
辽宁永康智能降度镜生物技术有限公司 总经理　刘永宏
上海舞沧网络科技有限公司 董事长　盛苗珊
南京凯蒙德信息技术有限公司 董事长　朱　蕾
潍坊奥博仪表科技发展有限公司 总经理　郭宣杰
湖北恒盛商盟信息技术有限公司 总经理　梅　磊
◇新能源
济南聚丰科工贸有限公司 董事长　刘　云
常州好时新能源有限公司 董事长　陈　伟

德州金亨新能源有限公司 董事长 韩荣涛
山东省隆晟风力发电服务有限公司 总经理 张小芬
◇建筑/建材/装饰/工程/机械
天津斯图曼装饰工程有限公司 董事长 黄学华
武汉恒通伟业道桥设计有限公司 经理 张小丹
陕西林青装饰有限责任公司 董事长 黄林清
重庆云顶溶洞景观设计有限公司 总经理 陈志敬
武汉俊华时代装饰工程有限公司 董事长 柯于亮
武汉润域建筑装饰工程有限公司 董事长 黄慧明
贵州福恒建筑工程有限公司 董事长 夏云福
垦利县水利工程公司 董事长 吕景敏
潍坊方程工程有限公司 董事长 李良山
天津津强岩土工程有限公司 总经理 贾凤强
武汉君顺木业有限公司 董事长 汪顺梅
湖北钰派建材有限公司 总经理 刘沛钰
西安艺高装饰材料有限公司 总经理 宋镇涛
陕西方元建设工程有限公司 董事长 陈元国
重庆可基混凝土有限公司 董事长 赵轶君
张家口家诚首佳新型建材股份有限公司 董事长 董有胜
武汉市武湖建筑工程有限公司 总经理 孙家秀
吉林市城市人家装饰工程有限公司 总经理 赵志男
衡水冀西市政工程有限公司 总经理 张学术
哈尔滨群利佳装饰有限公司 董事长 林有群
济南万泰装饰有限公司 副总经理 赵启华
潍坊大山石化机械有限公司 总经理 王淑桂
山东山海市政交通设计有限公司 总经理 丛　侃
宏峰集团（福建）有限公司 总经理 蔡慧萍

天津建滨工程咨询有限公司 董事长 赵 伟
武汉万中建筑劳务有限公司 董事长 葛天才
◇生产／加工／制造
河北同业冶金科技有限责任公司 董事长 张静霞
合肥和裕达塑业有限公司 董事长 张 忠
丹阳市鸿翔车灯有限公司 总经理 杭惠平
常州环能涡轮动力有限公司 董事长 裴腊妹
浙江台州美多模具有限公司 总经理 黄 悦
福建省威尔陶瓷股份有限公司 总经理 林丽荣
济南欧菲特制冷设备有限公司 总经理 邵长胜
山东三特能源有限公司 董事长 张建国
大悍（天津）汽车零部件有限公司 总经理 董建伟
无锡钜泽不锈钢有限公司 董事长 魏育松
浙江天龙塑业有限公司 董事长 徐国忠
江苏德克精密工具有限公司 总经理 邱卫东
济南泰夏轮胎有限公司 总经理 刘代军
大连美源化妆用具有限公司 董事长 金照轩
青岛瑞利杰金属有限公司 总经理 张丽娜
厦门麦丰密封件有限公司 总经理 张德富
潍坊市德诚饲料有限公司 董事长 夏夕涛
烟台龙泉塑胶制品有限公司 董事长 宋致远
福州宏利兴包装有限公司 董事长 林正阳
泉州艺龙美术工艺有限公司 董事长 巫英龙
温州索尔特铸业有限公司 总经理 王建清
太仓市天丝利塑化有限公司 董事长 盛庆华
青岛三合山精密铸造有限公司 总经理 李明波
浙江好运来机电设备有限公司 总经理 黄青君

青岛大世脚轮有限公司 总经理 丁镇宝
杭州联超机电有限公司 总经理 周忠琴
淄博恩杰辰陶瓷科技有限公司 总经理 刘仁泉
河北珠峰铁塔有限公司 总经理 刘文彬
北京富雷实业股份有限公司 董事长 陈　波
青岛环球集团股份有限公司 财务总监 徐贤亮
山东华全动力股份有限公司 董事长 赵立增
山东哈大电器有限公司 总经理 宫秀波
浙江杰特优动力机械有限公司 董事长 冯梅生
涿州皓原箔业有限公司 董事长 张　建
烟台市鲁电线路器材有限公司 总经理 张军辰
江西富鸿金属有限公司 董事长 欧阳艳青
浙江华力电气设备有限公司 总经理 郑伊婷
新乡市长城机械有限公司 财务总监 王卫花
武汉纽瑞德特种气体有限公司 董事长 刘　燕
◇交通/物流
莱芜永顺物流有限公司 董事长 孟现彬
青岛荣圣达国际物流有限公司 总经理 林翠荣
◇汽车/摩托车/交通运输/驾校培训
赣州同益汽车销售服务有限公司 董事长 肖建华
江西运众汽车销售有限公司 总经理 李文斌
山西香山新奇汽贸有限公司 董事长 高保瑞
武汉郝城驾校 董事长 熊敏刚
潍坊富鑫汽车配件有限公司 总经理 王连玉
襄阳富黄汽车内饰件有限公司 总经理 黄常国
北京标龙京津汽车销售服务有限责任公司 总经理 谢稳立
青岛和通行汽车销售服务有限公司 董事长 丁　健

烟台富嘉经贸有限公司 董事长 孙洪国

◇房地产/物业

苏州中茂置业发展有限公司 总经理 吴土珍

西安市长安区木材公司职工住房建设项目部 总经理 门 鹏

武汉世纪龙源房地产开发有限公司 董事长 张庆祝

北京华美天海房地产经纪有限公司 董事长 张 璐

巴州宏信房地产开发有限公司 董事长 纪昌锋

黑龙江省置信房地产开发有限公司 总经理 杨 棣

陕西上上实业集团有限公司 董事长 杨海平

烟台市城新中鲁置业有限公司 经理 邢 林

江西鸿昊建设有限公司 总经理 杨国俊

潍坊路桥开发有限公司 总经理 于兆华

◇化工

济南阿波罗甲壳素肥业有限公司 董事长 李向群

苏州世华新科材料科技有限公司 总经理 顾正青

武汉现代橡塑技术有限公司 总经理 何抗生

青岛茂林橡胶制品有限公司 总经理 韩志刚

惠州市彩森环保涂料有限公司 总经理 廖艳良

◇金融/投资

保山市腾冲县融达小额贷款有限公司 总经理 李国湘

北京东财会计事务所 董事长 许海营

天津市港城投资开发有限公司 财务部长 刘金栋

青岛宝丰投资集团有限公司 董事长 孙岐彬

◇印刷业/纸类制品

昆明轻工彩印包装有限公司 总经理 全 芳

南通山河印务有限公司 董事长 徐 良

云南纸源工贸有限公司 总经理 杨 红

◇电子技术/半导体

陕西西北铁道电子有限公司 董事长 杜　鹃

厦门派对屋电子有限公司 董事长 林龙辉

上海石易电子科技有限公司 董事长 王长军

福建吉邦电子有限公司 总经理 施玫盈

山东开元电子有限公司 总经理 刘树高

烟台恒宇创信电子科技有限公司 总经理 林发欣

许昌康立电气有限公司 总经理 张克立